JN295718

菅 正隆 著

日本人の英語力

それを支える英語教育の現状

開隆堂

はじめに

　本書は，大修館書店発行の『英語教育』（月刊誌）に連載した，「英語教育時評」（2001年4月号～2005年3月号），「菅先生に聞こう！　授業の悩みQ&A」（2005年4月号～2008年3月号），「英語教育ここだけの話」（2008年4月号～2010年3月号）のほぼ全てを一冊にまとめあげたものである。内容は連載時のままではあるが，若干，年代及び背景等に不合理が生じた場合のみ加筆を施している。また，本書作成にあたって新しく2本書き加えている。

　上記の連載を長年に渡り書き続けるためには，苦しい面もあった。何より，これらの原稿を書くためには，最新の情報を収集することが最も重要なことであった。もちろん，これらは表の情報も，裏の情報も含めてである。大阪府の指導主事時代には「闘う指導主事」，文部科学省の調査官時代には「闘う調査官」「髭の調査官」「何でも調査官」という有り難いあだ名を頂いて，その間，教育関係者のみならず，行政，マスコミ，政治関係者等々様々な方々から情報を得て，英語教育改善，日本人の英語力向上について微力ながら努力を積み重ねてきた。それらの情報や考え方，加えて，私が教育現場で体験してきたことを加えながら書き続けたものがこれらである。時には批判を浴び，時にはエールを送られての約10年間であった。

　平成になって早20数年。平成元年の中学校学習指導要領の目標には「コミュニケーション能力」の文言が初めてお目見えし，続く平成10年の学習指導要領では「実践的コミュニケーション能力」へと変わる。そして，平成20年の学習指導要領では，再び「コミュニケーション能力」へと戻ってはいるが，これらの目標から，高校ではオーラル・コミュニケーションの科目が導入され，中学校では時間数の増減があり，小学校では外国語活動が導入されと，様々なかたちで英語教育が変化を遂げてきた。

　では，実際に日本人の英語力は向上したのであろうか。具体的には「英語を

はじめに

話せる日本人」「英語を聞ける日本人」「英語を使える日本人」が増加したのであろうか。それとも，相変わらず世界の国々の中では，低いランクに位置づけられているのであろうか。また，それを支える日本の英語教育は改善されてきたのであろうか。残念ながら，今一歩のような気がする。しかし，「日本人の英語力」と言っても，それを支える日本の英語教育のみに責任を転嫁すべきものではないような気がする。日本の風土，文化，母語，学校教育，英語教育，そして政治等々の問題が複雑に入り組んで，現在の日本人の英語力を形作っていると思う。

そこで本書では，日本人の英語力を考える際，英語教育を柱に，様々な要因をも加味しながら問題点や課題を提起し，できるかぎりの解決策を模索している。十分とは思わないが，日本人の英語力を少しでもご理解いただくために，その要因をも含めて，敢えて一冊の本にまとめた。本書をお読みいただき，一人でも多くの方が英語力及び英語教育に興味をもち，日本人にとっての新しい「英語」文化，「英語教育」文化が構築されることを望んでいる。

最後に，『英語教育』の原稿作成段階から，大修館書店『英語教育』編集部北村和香子氏をはじめ，大修館書店の編集部の方々には大変お世話になった。また，本書を出版するに当たっては，開隆堂出版大熊隆晴氏，堤隆夫氏，平井康夫氏，三野憲一氏に並々ならぬご協力をいただいた。ここで，心よりお礼を申し上げたい。

著者

目　次

はじめに ……………………………………………………………………………… ii

第1章　英語教育時評

高校生1,500人に聞きました ……………………………………………………… 2
やっぱり，この話題でしょう ……………………………………………………… 4
裏には裏がある ……………………………………………………………………… 6
♪明日があるさ♪英米豪加なネイティブスピーカー10人に
　聞いてもらいました …………………………………………………………… 8
拝啓　全国の英語担当指導主事様 ………………………………………………… 10
難問・奇問（喜問），そして…… ………………………………………………… 12
Ｔ大とＨ高から目が離せない ……………………………………………………… 14
21世紀版「なんで英語やるの？」………………………………………………… 16
今，最も気になる３つの話題 ……………………………………………………… 18
「まじめに評価のあり方について考える」の巻 ………………………………… 20
（やっぱり）どこか変だよ英語教育 ……………………………………………… 22
今，期待に胸弾むこと ……………………………………………………………… 24
英語教員「知ってるつもり」……………………………………………………… 26
民間は善で，教員は悪か？　―政治と企業に翻弄される英語教育― ………… 28
『地上の星』にもっと光を！ ……………………………………………………… 30
問題 ALT に喝！ …………………………………………………………………… 32
イーハトーブの英語教育 …………………………………………………………… 34
英語教育川柳 ………………………………………………………………………… 36
透明感が信頼を生む―情報の適正な取り扱い― ………………………………… 38
菅流「求む筋金入り英語教育者たち・来たれ熱き英語教育者たち」………… 40

第2章　菅先生に聞こう！　授業の悩みＱ＆Ａ

少人数授業成功の秘訣 ……………………………………………………………… 42

目　次

英語で授業？　効率を考えながら？ …………………………… 44
小学校で授業するコツ …………………………………………… 46
スピーキングの評価はどうする ………………………………… 48
聞いてみたい授業にするには …………………………………… 50
ALTのうまい活用法とは ………………………………………… 52
効果的なハンドアウトを作ろう ………………………………… 54
小学校英語活動成功のポイント ………………………………… 56
英語授業評価のシステム ………………………………………… 58
魅力的な先生に変身するには …………………………………… 60
書く力をつける授業にしよう …………………………………… 62
年度始めのしつけ ………………………………………………… 64
新採教員の「三種の神器」とは ………………………………… 66
授業のアイデア・ネタの話 ……………………………………… 68
６月, ７月を乗り切る授業 ……………………………………… 70
宿題は説得より納得 ……………………………………………… 72
英語の歌, マンネリ化防止策 …………………………………… 74
「授業以前の生徒」への指導法 ………………………………… 76
授業力向上のヒント ……………………………………………… 78
入試に直結する授業は可能か …………………………………… 80
「困難校」と呼ばないことから始めよう ……………………… 82
読解力向上のために ……………………………………………… 86
リスニング力向上のために ……………………………………… 88
高校生にアルファベットから指導する ………………………… 90
「こんな教員になってはいけない」 …………………………… 92
教科書の読ませ方で提案 ………………………………………… 94
教材費が道路に化ける？ ………………………………………… 96
新学習指導要領で変わること …………………………………… 98
小学校がスキル中心でない訳 …………………………………… 100
「授業力」って？ ………………………………………………… 102

第3章　英語教育ここだけの話

英語教育改善の第一歩 …………………………………………… 104
昨今の海外英語教育事情（アジア編）………………………… 106
昨今の海外英語教育事情（ヨーロッパ編）…………………… 108
小学校外国語活動『英語ノート』の話 ………………………… 110
再生懇談会を再生する …………………………………………… 112
What is 専門家？ ………………………………………………… 114
行って見て知るブータン(1) ……………………………………… 116
行って見て知るブータン(2) ……………………………………… 118
こんな国に誰がした！ …………………………………………… 120
「ことば」への自覚 ……………………………………………… 122
支えてくれる人の温かさに触れる ……………………………… 124
小学校「外国語活動」発進！ …………………………………… 126
マスコミの怪 ……………………………………………………… 128
私ごとですみません ……………………………………………… 130
アナログ時代とデジタル時代(1) ………………………………… 132
アナログ時代とデジタル時代(2) ………………………………… 134
教員免許状更新講習に思う―岩手県方式のすすめ― ……… 136
消えた到達目標―中学校新学習指導要領― ………………… 138
国語教育担当者への書簡（エールとして）…………………… 140
研究会のキーワードは'RENKEI' ……………………………… 142
国家百年の計 ……………………………………………………… 144
コミュニケーションの真髄―心が動く，心を交わす，心がつながる― …… 146
Good-bye―¡Hasta la vista!― ………………………………… 148

第4章　英語教育今だから言おう

政権交代と英語教育 ……………………………………………… 150
日本人の英語力向上のために英語教育を洗濯しよう ………… 152

第1章 英語教育時評

2001年4月号

高校生1,500人に聞きました

　英語は黄，数学は青，体育は白。何を意味しているかお分かりだろうか。実はこれは，約1,500人の高校生を対象に，「教科のイメージを色にたとえると何色になるか」というアンケートを行った結果である。各教科の特色から，生徒たちはどのような色をイメージするかを問うたものである。

　それによると，英語の教科は図Ⅰのようになる。最も多いのが黄，二番目が赤，そして順にオレンジ，ピンク，青，白と続く。これを見て気づくことは，暖色系（見る者に暖かい感じを与える色）が約7割も占めていることである。イメージの世界のことであるので，非科学的であると言われるかもしれない。当然のことである。しかし，この結果を細かに調べていくと，面白いことに気づく。

　数学にも少し触れておきたい。一番多いのは青の40.1％，次に黄の12.5％，そして水色，緑，黒と続く。英語とは反対に寒色系（寒い感じを与える色）が全体の約7割を占めている。やはり，何かありそうである。そして，このアンケートを実施した学校7校においては，各教科とも色の順位がほぼ同じ結果になった。中には，毎年，国公立大学に多くの卒業生を合格させている高校と，90％以上の卒業生が就職する学校で，英語が不得意で，しかも英語嫌いが90％を超える学校も含まれている。しかし，両校の生徒とも，ほぼ同じ色を選び，割合も酷似している。

　また，今回は図Ⅱのように，英語教員に対するイメージも尋ねている。教科ほどではないが，暖色系がやはり多くなっている。このように，生徒たちは英語の教科や教員に対して，ひょっとすると，良いイメージ，明るいイメージを持っているのではないだろうか。

　色彩心理学の松岡武生氏は著書で，「ある単語からイメージされる色」という項で，黄は，「希望，発展，光明，歓喜，快活，軽薄」，青は「沈着，冷淡，悠久，真実，冷静」を意味すると書いている。

　また，ゲーテは「黄色は常に明るい性質を伴い，愉快で，快活で柔らかい刺

激を与える特性をもっている」と述べている。なるほどとなぜか納得してしまう。

　ここで数学の先生方に嫌われないために，精神病理学の故岩井寛氏の言葉を紹介したい。「青は人間存在の原点の色であり，個人の存在をはるかに越えて，地球そのものに生命エネルギーを与える原動力の色なのである」と述べている。非科学的だとは十分承知しているが，何か見えてきたような気がする。

　では下の表をご覧いただきたい。

　表から分かるように，数学と英語は嫌われる二大教科である。先ほどの教科イメージと表の関係は，対象生徒が異なるにしろ，何か意味がありそうである。生徒たちの多くは，英語の教科や教員を明るいイメージ，つまりプラスのイメージでとらえているのだが，現実に彼らの目に映るものは，それとは違うのであろう。そして，残念なことに，当初抱いていたイメージが崩れ去り，英語を「嫌い」な科目の1つに挙げているのではないだろうか。

　非常に大胆な予測ではあるが，この「ねじれ」を起こしている原因を明白にし，改善していかない限り，21世紀の英語教育はありえないと考える。どこに問題が隠されているのか，次回から徐々に，探っていきたいと思う。

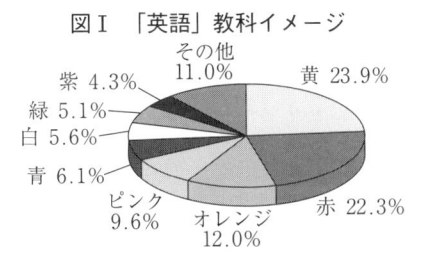

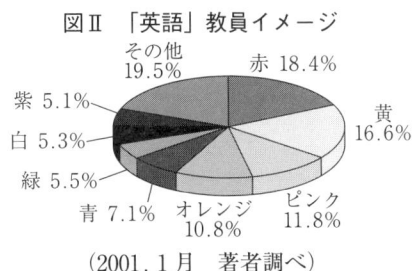

図I　「英語」教科イメージ
- その他 11.0%
- 黄 23.9%
- 紫 4.3%
- 緑 5.1%
- 白 5.6%
- 青 6.1%
- ピンク 9.6%
- オレンジ 12.0%
- 赤 22.3%

図II　「英語」教員イメージ
- その他 19.5%
- 赤 18.4%
- 紫 5.1%
- 白 5.3%
- 緑 5.5%
- 青 7.1%
- オレンジ 10.8%
- ピンク 11.8%
- 黄 16.6%

（2001．1月　著者調べ）

表I　嫌いな教科

順位	中1	中2	中3	高1	高2
1	数学	数学	数学	理科	数学
2	社会	英語	英語	数学	理科
3	英語	理科	社会	国語	英語

表II　好きな教科

順位	中1	中2	中3	高1	高2
1	体育	体育	体育	芸術	芸術
2	音楽	音楽	音楽	体育	体育
3	社会	社会	社会	数学	社会

［文部省調べ：『サイアス』2000年6月号（朝日新聞）］

第1章 英語教育時評

■ 2001年5月号

やっぱり，この話題でしょう

　去る2月27日，町村文部科学相は地方教育行政法改正案の閣議決定を受けて，「よりよい先生，教えるプロとしての先生を育成したいという願望がある。その一環として，不適切な教員を教壇から外し，配置転換できるようにする。こういう先生が少なければいいが，生徒とコミュニケーションがとれなかったり，研修しても指導力が高まらない人がいる。それは教師も生徒もお互いに不幸なことだ」と述べた。私には「ようやくその時が来たか」の感がある。これまで，そのような教員（一般に「問題教員」）がいると，臭いものには蓋式に，担任をはずしたり，授業時間を減らしたり，はたまた他校へ転勤をさせたりしてきた。しかし，受け取った学校も，その先生の処遇に苦慮する。この流れが学校間には長い間続いていた。

　また，全国紙各新聞に秋以降，次のようなタイトルが連日並んだ。「問題教員400人」「問題教諭を"現場追放"」。これは大阪府が学習指導や生徒指導，学級経営について指導力を欠いた教員について，教育現場から外した上で研修させ，それでも改善されない場合には，配置転換などをさせるというものである。東京都に次ぐ2例目であるが，今後，全国に広がることであろう。

　問題の英語教員の事例として，「授業はテープやビデオを流すだけで，質問に満足に答えることができず，三分の一は自習で，生徒たちに，教員免許を持っているのかとまで言われる」，英語教員に限ったことではないが，困った事例として，「雨が降ったら休む」「期日までに試験問題が作れない」「生徒が嫌いで話をしない」など指導力以前の問題も多い。しかし，これらは氷山の一角にすぎない。

　私は教諭時代から先生方にお願いしていることがある。「先生の授業を見せて貰えませんか」と。すると「いえいえ，お見せするほどの授業ではありません」と答える。日本人の美徳としての遠慮もあるかもしれないが，「それほど

見せられない授業なら，生徒にもしないでほしい。生徒がかわいそうである」と思わずにはいられない。「どうぞ見てください。足りない点や悪い点があったら指摘してください」となぜ言えないのだろう。プライドや自信の持てない授業をしている先生など，プロとして失格である。

　また，英語の先生から聞く言葉に，「英語は好きだけど，教えるのは苦手/生徒は嫌い」などがある。こんな先生は早急に教育現場から離れていただくことを望む。民間企業が利益を追求するように，教育現場は生徒の能力をいかに伸ばしていくかを追求するところである。生徒に対して愛情を注がず，面と向かわずに教育ができるはずがない。このような教員に対して行政のみならず，学校や生徒の保護者が行動を起こすことは当然であるが，そのような教員を生み出さないために，大学や採用する側の教育委員会，研修を行う教育センター等の役割は今後ますます大きくなることだろう。

　一方，ALTの問題も大きくなりつつある。最近「ALTの質が落ちた」とよく聞く。私も同感だ。

　現在，全国には約5,500人のALTが招致されている。この招致事業が始まったのが14年前。まだ日本はバブル期で経済状況は良かった。反面，特にアメリカは経済状況が悪く，30万円の給与には魅力があり，優秀な人材が集まった。しかし，バブルがはじけ，アメリカやイギリスの経済が活性化するにつれ，30万円の給与など魅力的でなくなった。そこで，ALT希望者が集まらずに何度も募集をすることとなる。すると当然，意識の低いALTも集まることになる。では，ALTと組む先生方の意識は変化したのだろうか。私は"NO"だと思う。まだ腫れ物に触れるように扱ったり，接触を拒む先生も多い。それにより，意識の低いALTは遊び気分で3年間を日本で過ごす。

　ALTのみが悪いのではない。それを指導できない学校や教育委員会にも問題があるだろう。もっと遠慮せずに悪い点はどしどし指摘するべきである。外国人であろうが日本人であろうが，対応を区別する必要はない。国際化や異文化理解を唱える学校が，足元のALTも指導できないようでは，学校は永遠に精神的鎖国状態から脱却できないのである。

第1章 英語教育時評

● 2001年6月号

裏には裏がある

　「英語教員の質向上を図るなら，国内外の研修を充実させるべきである。」
「ALTを5,500人も招致するより，同じ数の日本の教員を海外に派遣すべきである。」
　英語教員の資質向上に関するアンケートを行うと必ず目にする意見である。中学・高校のみならず大学の先生方も同じ意見をお持ちのようである。そこで文部科学省主催の国内研修及び海外研修について考えてみたい。
　平成13年1月に，文部科学省から出された『英語指導方法等改善の推進に関する懇談会報告』の中に，教員研修の充実と題して次の内容が提言されている。「文部科学省では，中学校及び高等学校における英語担当教員の指導力，特に英語を聞き話すことの指導力の向上を図り，英語教育の改善・充実に資するため，英語教育指導者講座を実施している。同講座は，毎年600人の規模で全国6ブロックにおいて各3週間にわたって実施されていたが，平成12年度からは毎年2,000人，全国10ブロック（下線筆者。以下同じ）と規模の拡充が図られている。」これは平成5年までは各都道府県から中高2名ずつが茨城県の筑波で研修した，俗に「筑波研修」と呼ばれたものである。当時は各都道府県のリーダー的教員が集められたことから，多くは公募されずに，教育委員会の命により派遣されていた。しかし，時代も変わり，参加人数も増加したことから，多くの都道府県で公募形態を取るようになった。参加者が内々で決められるのではなく，公募で1人でも多くの教員に研修の機会が与えられるようになったことは喜ばしいことである。一部の教員の研修では，全体的な効果が薄かったのかもしれない。
　一方，海外研修について，『懇談会報告』には次のようにある。
　「また，文部科学省では，中学校及び高等学校の英語担当教員の指導力や英語運用能力を高めるために，海外研修事業を実施している。同事業は，6か月

研修が118人，12か月研修が28人という規模で実施されている。」
　この海外派遣には国内研修に比べて，多くの問題点が見え隠れする。派遣教員を受け入れる大学の担当者の話によると，「派遣される教員の中には，自分の意思とは裏腹に，ある日突然，派遣を言い渡され，泣く泣く海外に渡る先生や，幼い子どもを日本に残したままで派遣され，子どものことが心配で研修に身の入らない先生，はたまた，自分が派遣された理由が分からず，研修を途中で放棄する先生もいる」ということである。これは文部科学省側の問題ではなく，各都道府県の選考のあり方に問題がある。上記の派遣教員の場合，一般公募ではなく，一部の人の推薦やご褒美的意味合いで派遣されている場合が多い。確かに，公募を行っているといっても，締切直前に要項が学校に届くという，何ともお粗末なところも実際にはある。したがって，このような研修が行われていることさえ知らない教員も残念ながら存在する。これは都道府県の考え方の違いにある。しかし，これほど各方面で情報公開が進んでいる昨今，内々で派遣教員を決めているようでは，日本の英語教育の未来はない。「やる気」のある先生を引き上げずに，希望しない先生方を無理に派遣するのでは無意味なものになってしまう。公募制を取り入れていない都道府県には，「時代を読む」気概を期待したい。「開かれた教育」は，21世紀の重要なキーワードとなりうるのであるから。
　また，『懇談会報告』には「英語担当教員の英語力については，若い教員を中心として，英語を聞き・話す能力が伸びてきていることも報告されているが，その一層の向上を図るため，英語教育指導者講座や海外研修事業の内容の改善・充実が必要である」とある。まさにその通りである。これに異議を唱える人はいないだろう。しかし，特に海外派遣には莫大な費用がかかる。現在は，国と都道府県とが共に費用を捻出する形を取ってはいるが，派遣人数が増えれば増えるほど，財政悪化の国と都道府県とに多額の支出を強いることとなる。したがって，決して一部の人だけの派遣になってはならない。「授業／学校を変える」という気持ちのみならず，都道府県をも背負って立つ心意気を持った先生方を，積極的に発掘していくことこそが大切なのである。

♪明日があるさ♪
英米豪加なネイティブスピーカー10人に聞いてもらいました

2001年8月号

次は何を表したものか，お分かりだろうか。

A：1．Point of No Return　　　　B：1．Love Notes
　　2．Lifetime Respect　　　　　　　2．GOLDEN YEARS
　　3．メッセージ　　　　　　　　　　3．UNITED COVER
　　4．always　　　　　　　　　　　　4．The Great Escape
　　5．KURU KURU　　　　　　　　　　5．a Piece of life

　実は，これらはオリコンによる6月18日付けのシングル・ヒットチャート(A)とアルバム・ヒットチャート(B)である。一見，アメリカのビルボードのものかと見紛うほどである。それほどまでに，英語（らしきもの）が日本の音楽（J-POP）のタイトルや歌詞に使われているのである。40代，50代がビートルズの曲から英語に興味を持ったように，今の子どもたちはJ-POPから英語を好きになる時代なのかもしれない。

　ある日曜日の昼下がり，NHKの看板番組，昼の「のど自慢」を何気なく見ていた。するとある女子高校生が，倉木麻衣の"Reach for the sky"を歌っていた。歌の途中で'gorden'，'ling'など意味不明の英語が聞こえてくる。「やっぱり日本人には [r] と [l] の音が難しいのだ」とその時は思った。では，倉木麻衣はどう歌っているのだろう。すぐにレンタルCDショップに走った。そして聞いてみた。何か妙だ！　そうだ！　ネイティブスピーカーに聞いてもらおう。でも，この際，他の歌手の曲も聞いてもらおうか。そこで，倉木麻衣に加え，桑田佳祐，宇多田ヒカル，山下達郎の曲を用意した。曲はそれぞれ，倉木は"Reach for the sky"，"What I feel"，桑田は"PARADISE"，宇多田は"Fly Me To The Moon"，山下は"Chirismas Eve"である。ある1つの国だけでは偏った評価になりかねないので，英米豪加4か国10名のネイテ

ィブスピーカーに頼んだ。何度も聞き，確認しながら Pronunciation, Accuracy, Understandability などの点からコメントをもらった。中には，授業で使用できるかどうかも判断してくれる人もいた。しかし，概ね意見が一致した。発音に関して，良い順に宇多田―山下―桑田―倉木となった。コメントには，宇多田：The pronunciation in this song is very near perfect native level. 山下：The song is pleasant and the pronunciation level is very high-almost native speaker level. 桑田：The pronunciation is not high level enough. 倉木：This song displays the typical pronunciation errors that many nonnative speakers tend to make. Weak R sounds, weak L sounds. などがあり，倉木の発音や文法の問題点を指摘する人も多かった。そこで初めて納得がいった。テレビに出ていた高校生は，倉木の曲を何度も CD で聞き，彼女の歌い方を真似る努力をしたのであろう。その結果，間違った発音までも真似ていたのである。決して倉木を責めているのではない。逆に，ホッとしているのである。日本の高校生（倉木は4月から立命館大学の学生）はこんなものである。何年英語を学習しても，正しい発音ができないのが現実である（これは我々の責任でもある）。宇多田のように，英語が流暢に話せるなら，英語教員は明日から飯の食い上げである。

　また，Accuracy の点からは，宇多田―山下―倉木―桑田の順になるが，歌い方にもよるので正しい評価とは言いがたい。

　他のコメントにも面白いものがあった。桑田：I like the energy and feeling of this song but I wouldn't use it for an English lesson. 山下：Appropriate for students but because it's a Christmas, you can't use this any time of year. 宇多田：Unfortunately, the song is sung in such high octaves that it makes it difficult to accurately guess what is being sung. 倉木：The song is sung an octave that most native speakers would find distracting.

　要は日本の曲である。英語だと意識せず，「英語らしきもの」程度の認識でよいのかもしれない。その点，横文字のない坂本九・ウルフルズの「明日があるさ」は純日本的な歌詞でホッとする。

第1章 英語教育時評

2001年9月号

拝啓　全国の英語担当指導主事様

　拝啓，都道府県教育委員会，市町村教育委員会，教育事務所，教育センター等の指導主事様，暑中お見舞い申し上げます。今年は例年になく熱い日々が続きますが，いかがお過ごしでしょうか。世間は夏休みで浮かれておりますが，先生方におかれましては，例年になく仕事が立て込んでいることと存じます。お体をご自愛いただきたいと思います。

　さて，この夏の1つの大きなイベントに「教育課程説明会」がございます。新指導要領を学校現場に徹底させるために，各学校の英語担当教員に説明を行う例のものです。私は今回，文部科学省で行われた説明会に中学の部と高校の部の両方に参加してまいりました。中学の場合は，文部科学省→各都道府県教育委員会→各市町村教育委員会→各学校，高校の場合は，文部科学省→各都道府県教育委員会→各学校へと，それぞれ説明会が施され，文部科学省の意向が各学校に伝わっていくわけですが，伝言ゲームのように一字一句現場に伝えようと思っても，なかなかうまく伝わりません。当然です。私たちが伝えようとしている言葉に勢いや情熱が無いからです。文部科学省の教科調査官の言葉の聞きかじりだけでは，現場の先生方にとっては別の世界の話のようで，興味も関心も持たれません。やはり，ここは地域と新指導要領の融合を図り，新指導要領を地域としてどう捉えればよいか，地域の学校がどう変わることが求められているのかを具体例を示しながら説明することが大切であろうと思われます。特に今回の説明会のポイントは「評価」です。先生方の関心も高く，説明用の原稿を読むだけでは，先生方を納得させることはできないでしょう。自信を持って英語教育の変革を望みながら，熱く語っていただきたいと思います。

　次に，私が英語教育の危機と考えているものが2点ございます。1点は「英語教育指導者講座」です。平成13年1月に出されました「英語指導方法等改善の推進に関する懇談会報告」にも「同講座は，毎年600人の規模で全国6ブロ

ックにおいて各3週間にわたって実施されていたが，平成12年度から毎年2,000人，全国10ブロックと規模の拡充が図られている」とあります。しかし，今年度末までの参加予定者は全国で400人程度でしかありません。優れた講師陣を配して，多くの先生方に受講していただき，英語教育の改善に努めてもらうように企画されたものが，この人数では非常に残念でなりませんし，規模が縮小される憂き目にあうかもしれません。派遣する側の自治体の財政難はよく分かります。しかし，このままでは優れた指導方法が現場には伝わりにくくなるのではないかと危惧します。1人でも多くの先生方を派遣いただき，講座が存続することを強く望みます。

　第2に，教育センター等での研修が危機を迎えているという点です。これは由々しき問題です。元来，教育センター等では英語教育の研修が数多く行われていたわけですが，教育課題（国際理解教育，人権教育，生活指導，こころの問題等）が増えるにしたがい，研修時間がそちらの方に割かれ，教科研修に当てる時間が極端に減らされている現実があります。

　「教科の勉強をする前に生活指導だ！　こころの問題だ！」とおっしゃる方がいますが，私には合点のいかないことです。教科指導は教員の基礎基本です。授業がしっかりしていれば，生徒とのコミュニケーションも取れ，生徒との信頼関係も生まれ，生活指導やカウンセリング以上の効果を発揮する，と私は経験上考えます。教育課題は教科指導と表裏一体です。表を教科指導とするならば，裏側の教育課題の研修のみをいくら行っても，生徒は見えてはこないはずです。再考を促したいと思います。また，教科指導の研修より教育課題の研修の方が価値が高いと考える風潮も打破したいと考えております。「授業もまともにできない先生に教育課題は無理」というのは言い過ぎでしょうか。

　取り留めのない話を書き続けてまいりましたが，夏の戯言とお許しください。先生方におかれましては，ALTの受け入れ，議会，予算と忙しい日々が続きますが，お体には十分ご注意いただき，地域の英語教育改善にご努力いただきたいと思います。敬具

第1章　英語教育時評

2001年10月号

難問・奇問（喜問），そして……

　ある大手予備校が，難問・奇問の入試問題の例として，2000年度のJ大学の日本史を挙げている。それによると，仏像を10体（神護寺薬師如来像，法華寺十一面観音菩薩像等）をあげ，「そのなかで最も像高の高いものはどれか」「最も像高の低いものはどれか」と問うている。教科書はもちろん，参考書にさえ高さなど明記されていない。実際に目にすることも少なく，たとえ写真を見たとしても，高さまではイメージしにくいであろう。その意味で難問・奇問とされている。

　英語の入試問題にも難問・奇問の類は多い。その1つとして大阪市立大学の問題は笑える。

〈問題〉　次の日本文はアメリカのある大教室での会話である。これを読んで，なぜそれがおかしいかを英語で説明せよ。

先生：ドアの近くで立っている人。ジョン王がマグナ・カルタを認めたのはいつか。

若者：わかりません。

先生：わからないって。じゃあ，テニスコートの誓いとは何かね。

若者：知りません。

先生：じゃあ，ヘンリー八世が宗教改革において果たした役割は？

若者：わかりません。

先生：なんたることだ。ちゃんと調べておくよう先週の金曜日に言ったじゃないか。君は金曜日に何をしていたんだ。

若者：友だちとビールを飲んでいました。

先生：なんだって。私にそんなことを言うのか。それで合格すると思っているのかね。

若者：それはよくわかりませんがね。先生，ぼくはエアコンをなおしに来たんですよ。

　笑えただろうか。「寒い」と感じて，思わず引いてしまっていないだろうか。もし，受験生が「おかしい」と感じなかったら，解答できないのではないかと心配になる。大阪の笑いとしては少しレベルが低いのかもしれないが，私個人

としては好きなネタで，同大学の昨年の問題（英字新聞のテレビ番組から「早食い競争」や「麻薬の売人を追うポリスアクション」をスキャニングする）に継ぐチャレンジに拍手を送りたい。その意味でこの問題は奇問（喜問）である。
　喜問と言えば，今年度の大阪府の高校入試も笑える。問題文は韓国からの留学生 Nami とカナダからの留学生 Jim，そして久美子との3人の英語漫才である。

Nami：Hi, everyone. We hope you'll enjoy our manzai.
Jim：Nami and Kumiko, I went to a farm with my friends yesterday. There were many kinds of apples on the trees.
Kumiko：Really?
Jim：Yes, and we met a man working there.
Nami：Oh, did you?
Jim：Well, I wanted an apple. So, I asked the man, "How much is that big red apple on the tree?" He answered, "It's 100 yen." But I had only 50 yen.
Kumiko：Oh, so you couldn't buy it.
Jim：That's right. I said to him, "I have only 50 yen." He smiled and said, "How about that one? It's 50 yen." But it was small and still green.
Nami：Oh, that's too bad.
Jim：I know, but I gave him 50 yen and said, "I'll take it, but please don't cut it from the tree. I'll come back and get it in a few weeks."
Kumiko：What? Did you write your name on it?

　さて，大学入試と高校入試のどちらに軍配を上げただろうか。高校入試については，読売新聞3月17日付け「公立高入試に『漫才』登場」の記事の中で，文部科学省は公立高入試に漫才が登場するのは「聞いたことがない」とコメントしている。この程度のことが記事になるほど入試は画一的なものだったのかもしれない。
　入試は確実に変わりつつある。しかし……。A県の高校入試問題を見てみよう。
〈問題〉次の文を英語で書け。
⑴　あなたは本を何冊持っていますか。
⑵　私は毎日その駅へ自転車で行きます。
　これらの問題で，生徒のどのような能力を見ようとしているのか。こちらの方が新学力観からすれば奇問に属するのは明白である。

第1章 英語教育時評

━━ 2001年11月号
T大とH高から目が離せない

　私は昨年9月号の本誌（大修館書店『英語教育』：以下同）に「大学入試は変わったか？」のタイトルで次のように書いた。「今春，文部省の前教科調査官が富山大学に赴任した。来春の入試はどうなるのであろう。高校現場を担当する者として期待したい」と。もちろんこの方は，現富山大学教授の新里眞男氏のことである。私は原稿を書いた責任上，富山大学の入試問題を調べ，読者の方々に報告する義務がある。そこで，昨年度の前期日程の問題と今年度の問題とを比較検討した。以前から富山大学の問題は，長文問題では部分訳が，英作文の問題では全文英訳が主体であり，昨年度も長文問題2題中に，部分訳5問，読解力問題5問，内容一致文の抜き出し1問，英作文の問題でも全文英訳3問となっていた。バラエティーに富むとは言い難い出題形式である。英作文の問題の1問は「そのビデオゲームが子どもたちに人気がある主な理由は，その遊び方がとても簡単であるということだ」である。わざとらしい文である。1文に2度も「その」があり，読みづらい。2問目でも「そのやり方を覚えるのに，せいぜい2時間しかかからない」と，「その」のオンパレードである。これは，日本語として問題がありそうである。

　気分を変えて，本年度の入試問題を見ることとしよう。本年度も長文は2題。内，部分訳3問，読解力問題3問，部分要約1問，空所補充1問となっている。気のせいか，少し傾向が変わったような気がする。脚注の数にも変化が見られる。昨年度は長文2題に2個。本年度は同じ2題に21個もの脚注が付いている。昨年度とは違い，21個中18個は英語での説明となっている。やはり変化している。それは認めざるを得ない。そして最後に英作文を見る。ついにやられた。問題は，「今の世の中は，男性・女性のどちらにとってより生活しやすいと思いますか。あなたの意見とその理由を英語で述べなさい」である。英作文の題材はどうであれ，ここまで見ると，さすがに受験生の英語運用能力を見たいと

いう姿勢が感じ取れる。結局，富山大学の入試は変わったと言わざるを得ないだろう。しかし，ここで疑問が1つ残る。「この問題を主に考えたのは誰だろう」と。残念ながら新里氏が入試に大きく関わったという証拠はどこにもない。まして，公にできるものでもない。したがって，私が脱帽する相手が見つからないのである。ひょっとしたら他の進取の気象に富んだ先生方が大きく傾向を変えたのかもしれない。そこで，新里氏には悪いが，今後も富山大学の傾向を見ていく必要がありそうである。来年も期待したい。

　もう1つ，東京都立日比谷高校の独自入試にも触れたい。

　読売新聞論説委員の永井芳和氏は「東京都立日比谷高は今春，教員自らが国語，英語，数学の入試問題を作成した。私学優位の東京にあって個性ある都立高づくりで公立離れに歯止めをかけようと，教委の呼びかけに応じたのだ。（中略）入試は入学してくる生徒がどんな学力を持っているかを，教員が把握できる最初の機会である。積極的に活用すれば，入学後の指導がより効果的になるだろう」と書いている。もっともなことである。入試は「どのような生徒に入学してもらいたいか」を端的に示すものであり，学校独自入試ともなると，学校の教育に対する姿勢が明確に現れてくるものである。その意味で，日比谷高校の英語の問題では，昔の伝統校の復活を期待しているところが見受けられる。しかし，高校においては入試ばかりでは特色化を図ることも，伝統校復活もあり得ない。教育委員会の肝いりなればこそ，入学してきた生徒への英語授業も学校独自の特色あるものであってほしい。今さら，大学入試のためだけの授業では，単なる進学校と大差ないのである。願わくば，公開授業をどしどし行い，公立の星として君臨していただきたい。その意味で都立日比谷高校からも目が離せないのである。

　最後に，特に高校の先生方の中には，「入試が変わらないから」との理由で，いまだに訳読中心・文法中心の授業から脱却できない方がいる。しかし，これは詭弁である。入試問題は一朝一夕に変化はしないが，少しずつではあるが，確実に変わってきている。授業を変える少しの勇気を持っていただきたいものである。

第1章 英語教育時評

2001年12月号

21世紀版「なんで英語やるの？」

　去る10月11日，アメリカ大リーグ・メッツの新庄選手が凱旋帰国した。インタビューの中で，「英語は上達しましたか」の問いに新庄は「全然！」，「よく使った言葉は何ですか」「How are you doing? かな」。

　しかし，元阪神の亀山氏によると，「アメリカに行った頃，新庄の知っている言葉は Thank you. だけだった。しかし，今では Thank you very much. と言えるまでに上達した」？？？と。

　また新庄は，今年1月に自主トレでハワイに行った際，英語が通じず入国審査で足止めを食らう経験をした。そこで新庄，英語に慣れるために，宿泊先では米国の子ども向けのテレビ番組を積極的に見ていたという。「英語は聞いていかないと覚えないから。子どもが出ている番組から入ると，覚えやすいと聞いたんですよ」と。そしてレギュラーシーズン中の8月12日のカージナル戦で，デッドボールを受けた際の新庄の行動を，スポーツ報知は次のように報じている。「とっさに言葉が出た。『I GOT HIT（当たったよ）』2日連続でスタメンから外された新庄のこの日の第1打席。7回裏無死二塁，ハックマンが投げた2球目が左手を直撃する。だが，ミールス球審は，ファウルの判定。すかさず後ろ向きだった球審の肩をたたいて，とった行動が英語でのアピールだった」。しかし，これには後日談があって，新庄は「アイ・ゴット・ヒット，じゃないですか」と球審に言ったというのが真実らしい。さすがは新庄。もう，立派（？）な大リーガーである。

　『週刊ディアス』9月10日号では，タック川本氏（アナハイム・エンゼルス国際編成）の話として，「ドミニカやプエルトリコなどの中南米の選手にはキャンプのとき，練習後に球団が英語を教えています。野球全般に関する講義に加えて，言葉についても講義するのです。最初は実践に必要な実用語や野球スラングを教えて，興味を持たせるようにしています。たとえば，監督は field manager ですが，実際には skipper（船長）と呼ぶ。そういうナマの英語を教えていきます。日本選手は，そういった積み重ねがないから，自分で勉強しなければならず，大変ですね。しかも，フォアボールとかバックホームとか，メジャーでは通用しない和製英語が染み込んでいるから，なおさらです」とある。

　やはり，英語は習うより慣れろである。そして，目的を持たせ，興味・関心を引くものを提示することである。すると「英語」もなぜかカッコよく見える。

　生徒はよく，「なぜ，日本人なのに英語を勉強するのか」と訊く。それに対して先生方は「入試があるから」「英語が話せたら多くの国の人とコミュニケーションが取れるから」などと子どもにとって釈然としない理由を言う。

　最近の生徒は，「英語」を，学校での「勉強としての英語」と歌やスポーツを通しての「fashion としての英語」とに分けて考えつつある。前者は入試のためや，教科書のノルマをこなすための授業の中での存在で，その主体者は英語教師である。一方後者は up-tempo の曲の歌手であり，流暢な英語（外国語）で話すスポーツ選手が主体者である。例えば宇多田ヒカルであり，ハンマー投げの室伏広治，滑らかなイタリア語も話す中田英寿である。明らかに20世紀の「英語」に対する感覚とは変わりつつある。しかし，このままでは「勉強としての英語」と「fashion としての英語」の溝はますます深まる。よく，生徒たちに，「英語を話せる人をどう思うか」と尋ねると，「カッコいい」と答える。また，インターネットで自由に英語を使いこなしている人もカッコよく見えるらしい。ここがポイントである。これからは，学校の英語もナマの英語でカッコよいと感じさせることである。

　そこで21世紀の「なんで英語やるの？」の答えは，世界で活躍する有名人のように「知りたいこと，伝えたいことを自分の言葉で表現できるようになるため」。これがカッコよく fashionable なのである。そのために，我々もカッコよく授業を進めたい。英語を学習する理由を生徒に提示できず，ただ「勉強しなさい」という教師を揶揄した，「英語教師，『英語，英語』と言うなかれ。愛が無ければただのエゴ」（うまい！）と言われるような英語教師では失格なのである。

第1章　英語教育時評

● 2002年1月号

今，最も気になる3つの話題

　英語教育に関するあることが気になって，眠れない夜が続く。あることとは，1つめに「小学校における英語活動」，2つめに「国語教育とコミュニケーション能力」，3つめに「総合的な学習の時間と英語活動」である。

　仕事上，今年は特に小学校での英語活動を見学する機会が多かった。先日も，小学校における「教科としての英語」の研究校である，河内長野市立天野小学校の授業を参観することができた。さすがである。「総合的な学習の時間」の中での国際交流の一環としての英会話学習とは訳が違う。「教科としての英語」としてのシラバスが完成している。完璧である。しかし，待てよ。少し引いて見てみる。小学生は楽しんで授業には参加しているが，英語に親しんでいるという領域をはるかに越えていそうである。先生方はどうも，「教え込もう」としているようにも見える。文型や文法事項をアクティビティを多用しながら，身につけさせようとしている。児童のアウトプット以上に先生方のインプットの量が多い。これはどうしたことか。本来，教員は知識を教え込むことが教育であると考えがちである。児童，生徒への支援や助言だけでは，仕事を全うしたように感じない。ここが問題である。もし，小学校に「教科としての英語」が導入されれば，「子どもたちが英語に慣れ親しむこと」と文部科学省が目標を掲げたとしても，当然，先生方は教え込もうと努力するであろう。それが，日本の教員の姿勢なのである。したがって，中学校で英語嫌いの生徒を多く生んできたのと同じことが，小学校でも起こりうることになる。先日も，私立中学の入試に英語を導入することもありうると文部科学省が容認する報道がなされた。本当にこれでよいのだろうか。

　小学校からの帰り道，英語科担当以外の指導主事たちが，「子どもたちを遊ばせずに，もっと教え込まなければ，教科として成り立たない」と話している

のを耳にした。まだまだ，免許問題など，ハード面以上に，日本人の教育に対する考え方などのソフト面を変えない限り，「教科としての英語」は成り立たないように感じる。時期尚早の感があった。

　2つめの眠れない原因は国語教育の問題である。日本の英語教育の目標の1つに「コミュニケーション能力の育成」が掲げられている。現行の指導要領は「コミュニケーション能力」，新指導要領は「実践的コミュニケーション能力」。英語とコミュニケーションは切っても切れない関係にある。しかし，待てよ。なぜ，今，コミュニケーションなのか？　国語教育で行っていれば何も今さら，となるはずである。国語教育といえば，活字を読むことを重視し，コミュニケーションのツールとしての日本語を軽視してきたように思える。最近になって，「国語表現」の科目が見直されてはいるが，国語教育の歴史からすれば，ほんの短期間に過ぎない。日本人のコミュニケーション下手は国語教育だけでは改善不可能なのであろう。その国語の負の遺産を英語教育が肩代わりしているように思えてならない。考え過ぎだろうか。余談であるが，もし，私が国語教師だったら，古典の時間に光源氏と藤壺や紫の上との疑似ペアワークをさせるであろう。しかも，十二単の着物を着せて。

　最後は「総合的な学習の時間と英語活動」である。これも，大阪府堺市にある私立堺女子高等学校の授業参観に行ったときのことである。ここでは，1年生の数学の時間に特別非常勤のアメリカ人教員が英語を使って授業を行っている。しかも参観した時は，英語で数学的な計算をしながら，家庭科実習室でクッキー作りに挑戦していた。目的は英語運用能力の伸長を目指すものではなく，ツールとして英語を使用しながらの数学的能力の定着と調理体験にある。感動した。文部科学省はよく「教科横断的な学習」と言う。まさに，それは総合学習たる1つの形態であった。現在は数学の単位となってはいるが，将来的には立派な「総合学習」の領域に入る授業だと思った。そこで，「総合学習における英語学習」の1つの糸口を見つけたような気がして，帰り道，思わずスキップしたくなった。おかげでその夜だけはぐっすり眠ることができた。

第1章　英語教育時評

2002年2月号
「まじめに評価のあり方について考える」の巻

　昨今の教育関係の研究会では，「評価のあり方」を主なテーマに研究がなされている。もちろん，英語教育においても同様である。これは，平成12年12月4日の教育課程審議会からの答申「児童生徒の学習と教育課程の実施状況の評価の在り方について」の中にある，「これからの評価においては，観点別学習状況の評価を基本とした現行の評価方法を発展させ，目標に準拠した評価（いわゆる絶対評価）を一層重視するとともに，児童生徒一人一人のよい点や可能性，進歩の状況などを評価するため，個人内評価を工夫することが重要である」によっている。新聞紙上でも，相対評価から絶対評価への移行が大きく報じられた。文部科学省は言う。「学年・単元ごとに先生方が作成した目標に対して，生徒がどの程度到達しているかを示すものが絶対評価である。したがって，目標が明確でない場合には評価することはできない」と。

　これに対して中学校の先生方は「観点別評価を点数化し，評定を下せばよい。所詮，絶対評価は指導要録上のもので，入試は相対評価なので，今とそれほど変わらない」と言い，高校の先生方は「従来通りの絶対評価だから何も変わらない」と高を括る。本当にそうだろうか。既に平成15年度の高校入試から調査書に絶対評価を使用する，と3都県が名乗りを上げた。東京都，山形県，静岡県である。この流れは今後，全国に伝播するであろう。うかうかしてはいられない。指導要録，入試の調査書，通知表の3つを別物とする考えを改める時が来たようだ。一方，高校の先生方には，定期考査の得点に普段の授業に対する態度等の点数（平常点）を加えれば評価は万全，とする考えはないだろうか。これでは，知識や技能のみの評価に偏り，生徒個々の優れた点や改善すべき点を生徒にフィードバックすることはできない。ましてや，学年や単元ごとの目標も持たず，指導計画も立てずに授業を行っていては，どのように生徒を育て

たいのか，生徒にどのような力をつけたいのかがわからない。さらに今後ますます，評価に対する説明責任が求められると考えられる。例えば，生徒自身または保護者から評価について尋ねられた場合や進級についての情報公開を求められた場合，「試験の得点から，このように評価しました」と回答しただけでは納得されるわけがない。単元の目標や評価規準を事前に生徒に示しておく必要があり，その目標に準拠した指導をした結果による正しい評価が求められる。また，定期考査の設問も4つの観点（関心・意欲・態度，表現の能力，理解の能力，知識・理解）に照らして作成されていなければならない。このように以前に増して，真剣に評価について考える時が来たのである。

　また，国立教育政策研究所教育課程センターにおいて研究開発されている評価規準，評価方法等の中間整理には，中学校外国語の中に，「聞くこと」「話すこと」などの内容のまとまりごとの評価規準及び具体例が示されている。例えば，「聞くこと」の中の「コミュニケーションへの関心・意欲・態度」の評価規準に「言語活動に積極的，意欲的に取り組んでいる」「さまざまな工夫をすることで，コミュニケーションを続けようとしている」とある。これは，生徒を評価する規準ではあるが，この評価を下すには，先生方には「生徒が言語活動に積極的に，意欲的に取り組むような活動を行っている」「生徒がさまざまな工夫をし，コミュニケーションを続けようとすることができる活動を行っている」という条件が付けられる。生徒を評価する以前に，目標に照らして適切な指導を先生方が行うこと。評価を下すのはそれからである。評価の在り方が変わることは，教員側の指導力も同時に問われることである。

　山梨県のある高校のOC・Aの授業で使用している生徒の自己評価表を見た。その中の評価ポイントには，"Did you use appropriate expressions and gestures?" などに加えて "Were the teachers effective in making you understand the lesson?" とある。つまり生徒が先生の評価も同時に行っているのである。先生は評価するだけではなく，常に評価され，自己の指導力を磨く人でなければならない。そんな時代がやってきたのである。

第1章　英語教育時評

2002年3月号

（やっぱり）どこか変だよ英語教育

　今回で私の時評は最終回となる。1年間多くの先生方からご意見，ご感想をいただいた。多くは，「よくぞそこまで言ってくれた！」「あれほど裏話をしても大丈夫？」などで，先生方が普段思われていたことを歯に衣着せずに書き続けたことへの賛辞と私は勝手に受け止めている。

　ともあれ，1年にわたり，多くのことを語り続けてきた。その間にも教育を取り巻く環境は大きく変わった。「ゆとり教育」から学力低下問題が叫ばれる中，急遽，文部科学大臣が，宿題の励行，指導要領を越えた教科書の内容の認可，英検の積極的活用などを語った。我々，教育行政に関わる者にとっては青天の霹靂である。また，英語教育に関しては，首相交代に伴い，あれほど話題になった英語公用語論が鳴りをひそめた。いつの時代も政治に翻弄される教育並びに英語教育である。そんな中で，私が最後にお話ししたいことが3点ある。

　1点目は小中高の先生方へのお願いである。学校現場では今，「総合的な学習の時間」の研究，実践が積極的に行われている。研修ともなれば，大学の先生方をお呼びして講演をしていただくことになる。新しい教科ということもあって，大学の先生方の中にはここ1，2年の研究で専門家を自認する方も多く，まるで雨後の竹の子のように専門家が増加している。話される内容と言えば，海外の論文や実践の紹介のみのことが多い。このような先生方を専門家と見てはいけない。むしろ学校現場の先生方の方が児童生徒をよく知り，アイディアも豊富である。同じことは「小学校英語」にも言える。中高の英語教育を長年担当してきた方が，ここ数か月で，急に小学校英語の専門家として語る。これは危険である。それより，長年研究に携わってきた先生方やコツコツと町の英会話学校で小学生相手に英語を教えてきた方々のお話を伺った方がはるかに学ぶことが多い。つまり先生方には本物を見極める目を是非とも持っていただきたいということである。

2つ目に，これも教育現場の先生方へのお願いである。ある県の英語研究会でのことである。当日は授業公開があり，指導助言に指導主事が招待されていた。地域によっては指導主事の指導助言は事前に教育委員会の上席の決裁を受ける義務がある。そこで，この指導主事は指導助言を作成し，決裁を頂き準備万端のはずであった。しかし，当日は授業者の先生が病気で，代わりの先生が授業をすることになった。当然，授業内容は異なる。しかし，この指導主事は，もう決裁が下りているので，そのまま読んでしまい，失笑を買ったということである。寂しい話である。そこで提言である。事前に作られた指導助言を聞くより，直接指導主事に模範授業をしていただいてはいかがだろう。指導主事は助言するほどであるから，当然，授業もうまいはずである。お願いしても聞き入れてもらえないようでは，英語教育の改善にその地域は消極的と捉えられても仕方がない。お勧めしたい。

　3つ目は，小学校における英語活動についてである。私は昨年の12月に本大阪府教育センターで行われた文部科学省主催の小学校英語活動研修講座に受講者として参加した。内容や運営は期待に添うものであったが，幾分小学校の先生方には失望した。多くの先生方はすでに学校の中心となって英語授業を行っている。しかも皆自信家である。自分の実践が絶対であると思い，他の方の実践や方法論にはほとんど耳を傾けない。まるで群雄割拠の戦国時代のようである。しかも興味はゲームや活動に向き，シラバスや目的などには見向きもしない。その気持ちも分からない訳ではない。明日にでも使えるネタが欲しいのである。だが，そこからは年間を通した体系的な授業や数年にも及ぶ効果的な英語活動などは生まれない。このままでは小学校の英語活動は失敗に終わるのではないかと私は研修を終えて感じた。それは国がスタンダードを示さず，学校や市町村に任せていることに起因する。文部科学省編著の「小学校英語活動実践の手引き」だけでは不十分である。国の積極的な関与を期待したい。

　最終回なのに，まだ言いたいことは尽きない。しかし，またいつか，不死鳥のごとく本誌によみがえることを期待して筆を置く。

第1章 英語教育時評

2002年6月号

今，期待に胸弾むこと

　満を持しての再登場である。本誌3月号時評で私は「不死鳥のごとく本誌によみがえることを期待して筆を置く」と書いた。多くの先生方のご支持をいただき，本年度も3か月に1度登場させてもらうこととなった。ご支持くださった先生方に心から感謝したい。

　さて，本誌5月号時評で，酒井志延氏は「ちょっと，挑戦的になる」と私の文章を引用して語っておられる。初め私は少し身構え，同時に，どこかで少し期待を持って読み進めていた。だが，酒井氏の考えは私の考えと大差ないことが読みとれた。氏は高校の教員から大学に転出された方である。このような方には実践と理論の一体化を実現していただく大きな役割があると私は考えている。もちろん，中・高と大学の連携は大切ではある。しかしそれ以上に，中・高の教育現場を経験された大学の先生方なら，「象牙の塔」たる大学を改革する力も経験もおありだろう。英語教育改善と同様に，大学改革をも行うパワーを大いに期待したい。

　それは，休刊中の研究社『現代英語教育』1995年5月号に前文部省教科調査官の新里眞男氏も書かれている。「現在大学では，中学・高等学校での英語教員の経験が皆無でありながら，英語教育を論じる若き学者が増えている。かれらの業績を闇雲に全て否定するわけではないが，やはり，自分の実際の教育実践を理論化し，その中から，自分の業績のためではなく，日本の英語教育の改善に役立つものを見出そうとする動きを大切にしたいと思うのである。」と。

　さて，先日，北海道を旅していた時のことである。たまたま昼食時に寄ったラーメン屋で北海道新聞（4月6日付）の記事が目に入った。そこには，「札幌国際情報高，スーパー英語高に」のタイトルが踊っていた。文科省が指定した「スーパー・イングリッシュ・ランゲージ・スクール」に上記の学校が指定

されたというものである。では，その指定校を北から挙げてみよう。先の北海道立北海道札幌国際情報高，群馬県立中央高，千葉県立成田国際高，私立渋谷教育学園幕張高（千葉），東京都立隅田川高，私立目白学園高（東京），三重県立川越高，滋賀県立米原高，京都府立嵯峨野高，私立立命館宇治高（京都），大阪府立千里高，和歌山県立星林高，岡山県立岡山城東高，広島県立尾道東高，高松市立高松第一高，熊本県立第一高，同東綾高，同熊本北高校の計18校である。これらは，毎日新聞（4月6日付）によると，「英語教育の底上げを図るため，英語を重視した教育を行う高校」であるらしい。指定期間は3年間。補助金は各学校年間約300万円で，計約900万円となる。ここで，私は首を傾げる。「希望制をとったとはいえ，なぜ東北や中部地方に属する高校がないのだろう」と。そして，「指定に地域の偏りがありはしないか」と。

　一方，日本教育新聞（4月12日付）には，各校の研究課題なるものが掲載されている。例えば，川越高は「高度な実践的コミュニケーション能力を身に付けるための指導と評価を研究」，立命館宇治高は「イマジネーション教育を実践し，教科学力向上と英語運用能力を形成する指導法の開発」，熊本の3校は「3校連携し，コミュニケーション能力の育成を実践的なものとするため，コンピュータ・ネットワークと学校間提携による新しい英語教育を研究」。どこも優れたキャッチフレーズのオンパレードである。実現可能かどうか疑問は残るが，研究校の先生方には，今一度，先の新里氏の文章「自分の業績のためではなく（「自分の学校の業績」とも読み替えることができる），日本の英語教育の改善に役立つものを見出そうとする動きを大切にしたい」を贈りたい。学校にとっては900万円は少額かも知れない。しかし，21世紀の日本の英語教育の礎を築くために有効に利用していただかなくてはならない。春に桜が全国各地で咲くように，その18校から広がった英語教育の美しい花が日本の至る所で咲き誇ることを期待したい。そして，その花を先日亡くなられた若林俊輔先生にもご覧いただきたいものである。合掌

第1章　英語教育時評

2002年9月号

英語教員「知ってるつもり」

　昨今，東アジア諸国（韓国，中国，台湾等）の英語教育について研究される先生方が増えてきた。かく言う私も，韓国の英語教育事情には興味があり，年3～4度韓国に行き，資料を収集し，小中高の授業を見学している。しかし，常に何かが欠けているような気がしてならなかった。そんな折，新聞に「大阪府内のすべての朝鮮学校が6月の土，日曜日に，一斉に一般向けの授業参観を実施する」とあった。このような機会は滅多にない。大阪の朝鮮学校といえば，「『高松宮杯全日本中学校英語弁論大会府大会』に常に入賞している」程度の情報しか持ち合わせていなかった。これはチャンス。その秘策も探れるかもしれない。好奇心が沸々とわき上がってきた。早速，府内にある中級学校（日本の中学校に相当）3校全ての授業を参観することとした。

　参観当日，受付でチマチョゴリの先生方に「アンニョンハセヨ」と挨拶され，校舎に入る。壁にハングルで書かれたポスターやスローガンが掲げられている。ここは本当に日本？　と錯覚しそうになる。教室に近づくと，元気に英語を話す生徒の声が聞こえる。授業の邪魔にならないように静かに教室に入る。正面の黒板の上には，金日成・金正日親子の写真が掛けられ，体制の違いを改めて認識する。好奇心いっぱいの私は，生徒の教科書を覗き込む。そこには日本に住む朝鮮人と英米からの留学生との日常会話が書かれているが，どこか見覚えがある。後に，校長先生から教科書を頂いて納得した。この教科書は三省堂のNEW CROWNを元に作り直され，全国28の朝鮮中級学校に配布されているものだという。ストーリーは三省堂のものに近いが，登場人物は日本人ではなく，朝鮮人（名）である。また，裏表紙の見返しにはピョンヤンの名所や国家施設の写真が載せられている。授業は8割程度英語で進められ，残りの2割は朝鮮語。パターン・プラクティスや活動を多く取入れ，飽きることのない内容に仕立てられている。3校とも1クラスの人数が少なめで，先生がこまめに生徒の

机の間を行き来し，英語でアドバイスをしている。生徒も綺麗な発音で流暢に英語を話している。

　これらの朝鮮学校の授業は日本の学校で行われている授業とあまり大差がないように感じたが，なぜ，生徒はあれほど流暢なのか。授業からは解答が導き出せなかった。しかし，後に初級学校（小学校に相当）の授業を見てヒントを得た。子どもたちは初級学校に入学するまで，日本語だけしか知らないという。確かに1年生の教室では，日本語が飛び交っていた。しかし，2年生の教室では，ほとんど日本語を耳にすることは無い。生徒たちは言語を習得するノウハウをこの時点で身に付けてしまうのではないか。その点からすると，英語の習得もそれほど問題ではないのかもしれない。

　教育には国境がない。海外の英語教育を研究するのも良い。しかし，国内の韓国・朝鮮系学校などの英語教育がどのようになされているかを知ることも内なる国際化には必要なことではないだろうか，と考えながら帰路に着いた。

　次に，7月6日付の読売新聞に「全国自治体の4分の1が，外国人の外国語指導助手を自前で採用する」とあった。私はこの記事を読んで，大変なことになったなと思った。実はご存じの方も多いと思うが，最近の「ネイティブ」の学力の低さ（単語が正しくつづれない，文法的に正しい文を作れない等）は，有名である。実はこれは，日本に来る外国人の中に母国で高等教育を受けていない者が，東南アジアの某国で簡単に「偽造」の大学卒業証明書等を作成し，市町村や専門学校に潜り込んでいるからでもある。ある有名な英会話学校のインストラクターが，採用後再度，先生方の卒業大学に照会したところ，数人の偽造証明書が見つかったという。この手の話は最近よく聞かれる。日本人が誉められているのである。これは学校教育にとっての危機である。自治体独自の雇用や英会話学校から小中高へ派遣される教員が増えるにつれて，この傾向はますます増えるであろう。雇用する側は必ず卒業大学にアクセスして確認することが大切であろう。もちろん，大卒の資格だけが問題なのではないが，後々，問題が起こらないようにするためにも必要なことではある。

第1章 英語教育時評

2002年12月号

民間は善で，教員は悪か？
― 政治と企業に翻弄される英語教育 ―

　右ページのグラフをご覧いただきたい。これは，高等学校における「英語Ⅰ」の教科書の採択状況を3年間にわたって難易度別に3つのグループに分類したものである。難易度の区別は教科書の判型（難：A5判，中：B5変型，易：B5判）と各教科書会社の編集趣意書等を参考に私が作成したものである。平成13年・14年度は現行の指導要領による教科書であり，15年度は新指導要領によるものである。3年間の総数が異なるのは，生徒数の減少及び，平成15年度に専門高校などに見られる，英語Ⅰを履修せずオーラルコミュニケーションⅠを必履修科目としたこと等に起因すると考えられる。

　グラフから，総数の減少にもかかわらず，各グループの割合はさほど変化していないことがわかる。これは何を意味するのであろうか。

　5月連休明けの各教科書会社の壮絶なる売り込み合戦。美辞麗句を並べる教科書営業マンたち。しかし，先生方は生徒の学力や状況を判断しながら，適切な教科書を採用していることが伺える。やはり先生方は，常に生徒に目を向けていることが分かる。

　7月12日に「『英語が使える日本人』の育成のための戦略構想」が発表になった。この構想はご存じの方も多いと思われるが，文部科学省独自の発案によるものではない。平成12年12月7日の自由民主党文教部会における，「外国語教育に関する分科会」の提言をもとに具体化されたものである。その中で謳われている「英語担当教員」研修。文部科学省は，「2週間程度では英語運用能力の向上は望めないので，これを英語指導力向上のための研修としたい」という。賢明な判断である。では，この研修をどのように企画し運営するのか。まさにここが，運営母体（都道府県）の英語教育に対する姿勢が問われるところである。しかし，残念ながら，「講師となる人材が県内には少ない」との理由から，民間委託にしたいと考えている県もある。本当に民間に頼って大丈夫であろうか。もちろん，「英語運用能力」向上の研修であれば，専門学校のネイ

ティブでも講師として招請可能であろう。しかし,「指導力」の向上である。中高校生を知らない者に任せられるはずもない。民間におんぶにだっこでは,県が英語教育を放棄するようなものである。そこで,県内の教員やALTの掘り起こしを図ると共に,教員相互評価等の工夫をスパイラルに組み込みながら,効果的な研修を創造することが求められる。私は常に言っている。「先生方は生徒を見,企業は利益を見ている」と。民間のペースに乗ってしまうのではなく,教員側が必要な部分のみ民間の協力を得ることが大切である。「戦略構想」の教員研修を無駄な悉皆研修にはしてはならない。

　また,最近とみに,公教育と企業との交流が盛んである。教員を予備校や民間企業に派遣したり,民間企業人を校長に採用したりと,まるで,学校教育関係者が未熟で,民間企業が優れているかのような錯覚を覚えるほどだ。民間を利用することで,カンフル剤として学校を活性化しようとする意図は分かる。しかし,ここでも教員や教育委員会は惑わされてはいけない。企業（人）の視線の先にあるのは利益であり,明確に数字に現れる業績である。全く異質の教育の世界の中で,生徒の心や数字には現れてこない変化の重みに目を向けることは,かなり困難なことと思われる。そのような,価値感の全く異なる人々に安易に大事な生徒を預けてよいものだろうか。我々教員も自分たちの使命を強く意識し,主体的に行動する時が来たようだ。

　元に戻そう。23億もの予算を計上する戦略構想。民間に安易に公金が流れることを憂いながら,効果的に子どもたちに還元されることを強く望む今日この頃である。

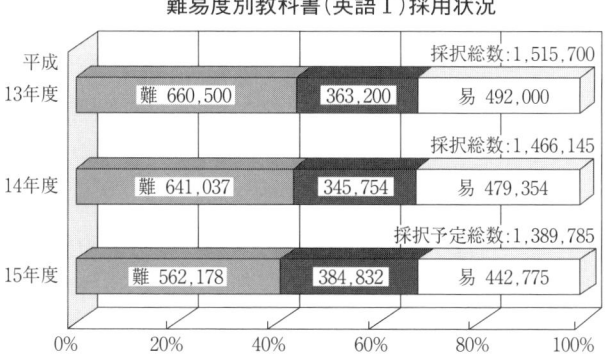

難易度別教科書（英語Ⅰ）採用状況

年度	難	中	易	採択総数
平成13年度	660,500	363,200	492,000	1,515,700
平成14年度	641,037	345,754	479,354	1,466,145
平成15年度	562,178	384,832	442,775	1,389,785（採択予定総数）

第1章 英語教育時評

2003年3月号

『地上の星』にもっと光を！

　『地上の星』中島みゆき。昨年12月31日NHK紅白歌合戦。私はこの時テレビのスイッチを入れた。ご覧になられた方も多いことと思う。富山・黒四ダムのトンネルで歌う中島。目の前が涙でかすむ。この時の視聴率52.8％。最大視聴率を記録した瞬間である。ご存じのように，これはNHK番組「プロジェクトX～挑戦者たち～」の主題歌である。番組の企画に当たって，担当プロデューサーが中島に「無名の人々の光を，歌にしてください」と依頼した。これに対し，後に中島は次のように語っている。「無名の人とはどのような人か分からない。例えば，青函トンネルのテープカットをした大臣が誰かは新聞で知っている。しかし，何かを成し遂げるため，日々努力している方々の名前は知らない。そのような実存の方々の人生に尊敬を込めて曲を書いた」と。テープカットをする人ばかりに光が当てられる教育は，本当の教育の視点ではない。まして，テープカットをすることに徹する者を教育者とは呼ばない。普段，地道に学校を運営し人望も厚い校長，決して目立ちはしないが，生徒のことを常に考え，学力を確実に身につけさせている教員。このような無数の「地上の星」がおられてこそ，教育が成り立つのである。

　昨年12月号の本時評『民間は善で，教員は悪か？』について，一部からご意見を頂いた。今，教育に民間活力を導入するのが趨勢である。このことに全く異論はない。もちろん，民間に利用されるのではなく，積極的に活用することが求められる。その意味でも民間人校長の採用や塾，企業派遣等民間とのコラボレーションには賛成である。塾の授業を参観して，自らの授業の改善に努めた人や，子どもたちと共に悩み，常に生徒・教員と一丸になって学校づくりに邁進しておられる民間人校長も知っている。教育は人づくりであり，英語教育も，その一翼を担っている。「『英語が使える日本人』の育成のための戦略構想」の中の全ての英語担当教員に対して行われる研修において，実務担当者が

安易に民間に頼ったり，丸投げしたりはすべきではない。私が伝えたかったのは，単にこのことである。しかし，残念ながら，若干の自治体では，民間に丸投げに近い形を取ろうとしているところもあるらしい。なぜ，地域の教育に貢献している『地上の星』とも言うべき先生方の力を活用しないのだろうか。疑問が残る。このような意味でも，12月号の時評の最終段落「23億もの予算を計上する戦略構想。民間に安易に公金が流れることを憂いながら，効果的に子どもたちに還元されることを強く望む今日この頃である」に思いを込めたつもりである。

　しかし，12月号執筆の段階で23億と書いた予算ではあるが，財務省からの回答では，戦略構想そのものの予算が11億に減額されている。例えば，大学院修学休業制度を活用した英語教員の研修支援の予算は認められなかった。世の中不景気である。11億円もの金額を一教科に関することのみに認めてもらえただけでも，良しとしなければならないのであろう。

　また，減額されたといえば，英語担当者に対する研修に関しても，予算案とは若干異なってきている。研修を受講する教員の交通費（勤務校から研修先まで）について，当初の予算案では，半分を国が負担するとしていたが，残念なことに，この点はゼロ査定となった。全て各自治体が負担しなければならない。実務担当者としては予算が厳しい折，一番痛いところではある。特に面積の広い県では交通費も高く，苦慮することであろう。一方，教員個々の資格となりうる，英検，TOEIC，TOEFLの受検料の半分を国が持つこととなったそうである。驚きである。

　いずれにしろ，15年度から動き出す戦略構想。批判することも大切ではあるが，英語教員自らが，満足行くように提言したり努力することも忘れてはならない。戦略構想にかけられる予算で，我々英語教員一人一人の努力によって，生徒を星々のように生き生きと輝かせていただきたいと思う。

　「プロジェクトX〜挑戦者たち〜」のエンディング曲，中島みゆきの『ヘッドライト・テールライト』。その中で歌われる♪〜旅はまだ終わらない〜♪日本の新しい英語教育の旅はまさに今始まったばかりである。

第1章 英語教育時評

2003年9月号

問題ALTに喝！

　ここにきて，新聞・雑誌等で相次いで「問題ALT（JETプログラム）」についての報道がなされている。

　読売新聞6月29日付朝刊1面に「外国人の語学指導助手・広き門……人材難」のタイトルで，次のように記されている。「ALTの質の低下が指摘されている。日本で需要が高まる反面，米国などで応募者が増えず人材不足が一因と見られる。（中略）学校側とALTのトラブルは，最近，目立つようになった。欧米より多い四十人学級の生徒を前に緊張でしゃべれない人や，日本の教員との打ち合わせをしない人，教室にいるだけで児童生徒と交流しない人などの話が文科省などに伝わっている」また「県教委関係者（注：私ではない）は『（競争率は）二倍と言うが，欠格者や辞退者が出て，全員採用されるのが実情と聞く』と話す」とある。この記事を受けて，かの『週刊プレイボーイ』7月22日号でも，この問題を取り上げている。記事には「まじめに教壇に立つALTに混じって，遊び半分で日本に来ている参加者もいるという。（中略）ALT導入に熱心な埼玉県新座市の中学生たちに聞いてみると，『ALTの授業，つまんない。マンガ読んだり保健室に行ったりしている』（中3・女子），『学期の途中で，突然，辞めていなくなっちゃった』（中3・男子）。それでも彼らに頼らざるを得ないという現状が日本の英語教育の低さを物語っている」とある。辛辣な文である。しかも，青少年が読む雑誌である。この記事を読んだ子どもたちはどのように感じるであろう。残念に思う。しかし，この問題は今に始まったことではない。クローズアップされなかっただけである。

　既に本誌2001年5月号の時評において私は「ALTの質の低下の問題」について警鐘を鳴らした。

　ここで，整理してみたい。「JETプログラム」が導入されて16年。また各自治体独自採用も増えた。これらは大きな成果を学校教育にもたらした。そのことを否定するつもりはない。真面目に子どもたちのために働くALTもたくさ

んいる。しかし，英語を話せるというだけでチヤホヤされる日本の社会状況と，給与の低さ？（月30万円）から，良い人材を得られず，ALTの質が低下してきたことは否定できない。しかし，最近のようにALTの問題点が声高に指摘されるようになったのは，我々の国際感覚（対等の意識）の変化の表れではないかと思う。

　ところで，問題は「JETプログラム」によるALTのことだけにとどまらない。各自治体が独自に採用しているALTに関しても同様のことが言える。これは本誌2002年9月号の時評で「ALTを雇用する際の注意事項」として書いた。

　一例として，朝日新聞5月9日付朝刊が「外国人先生ドタキャン－ECC平謝り」のタイトルで大きく報じたものがある。これは大阪府が民間に委託し（入札後，ECCと契約），外国人43名を府内の高校に派遣するという事業であった。しかし，赴任日になっても予定者の内25名が学校に現れなかった。調べるとその25名は別の英会話学校や外資系企業などに就職していたという。前代未聞である。ECCの契約の不手際とこの外国人たちのビジネスライクな考え方がこの結果を生んだ。ある高校の校長は「生徒が楽しみにしており，こちらもそのつもりで準備していた。急にカリキュラムを変えることは出来ないので別の先生に英会話の授業の肩代わりをしてもらった」と話す。ECCも，この外国人たちも，教育を，そして学校の子どもたちをどう考えているのか。この件については『サンデー毎日』6月29日号でも「スクープ・外国人派遣教師25人大脱走で『授業消滅』」として取り上げている（注：これはスクープではない。朝日新聞が既報）。

　もう英語が話せる外国人が特別視され優遇される時代は終わりにしたい。外国人だからと遠慮せず，対等な意識とALTに対する指導力とを合わせ持つ教員がますます増えることを望む。

　文科省は現状打開策を検討中とのことである。抜本的改善を期待したい。また，各自治体においても，英語教育の改善並びに子どもたちの教育に熱心な外国人の掘り起こしに，心血を注いで貰いたい。

第1章 英語教育時評

■ 2003年12月号

イーハトーブの英語教育

　今，英語教育は岩手が面白い。かつて文人，石川啄木，宮沢賢治を輩出した県が，今，大きく変わろうとしている。

　平成13年8月29日に，岩手県立高等学校入学者選抜方策検討委員会から出された「これからの高等学校入学者選抜の方向性について」という報告書の中で，「英語学力検定においては『話すこと』の領域についても検査すること」と謳われ，これを受け，岩手県教育委員会は来年3月に実施される平成16年度高校入試から受験者全員（約1万5千人）にスピーキングテストを課すことを決定した。これが実施されれば，日本の英語教育にとっては歴史始まって以来の快挙となり，今後，他府県の高校入試に少なからず影響を及ぼすことは必至である。日本の英語教育にとっては大きなターニングポイントとなるであろう。

　また，この報告を受け，2001年8月30日付の『岩手日報』朝刊には「今回注目された英会話面接は，面接ではなく英語科目の1つとして面接後（全員に日本語の面接も課している）に英語の質疑応答を実施する」とある。そこで私は去る10月21日に県の担当課に直接尋ねてみた。それによると「新たに導入される英語の応答試験は1人当たり5分，受験生1人に対し，1人の面接官（英語教員）が行い，配点は英語教科（100点満点）の一部として15—20点とする」とのことである。英検の二次面接と同じ形態を取ることになる。

　しかし，導入に喜んでばかりはいられない。当然，多数の受験生を正しく評価しなければならない。入試の評価者である高等学校の英語担当教員全員に，統一された評価観及び評価規準の徹底が強く求められる。

　一方，ある岩手県の中学校の教員は「スピーキングテスト導入がオーラル・インターラクションを増やし，授業が大きく変わった」と話した。入試が変わると授業が変わる典型的な例である。また，教員がスピーキングの評価者になることで，意識的に教員自身のスピーキング力向上を目指すことが期待できる。

本年度から実施されている英語教員集中研修よりはるかに効果が期待できるかもしれない。いずれにせよ，歴史的な一歩となりうる入試を是非とも成功させてもらいたいものである。

　ところで，かく言う私も実は岩手県出身である。ベストセラーとなった『出身県でわかる人の性格』（草思社：岩中祥史著）によると，岩手県人は「素朴でまじめが持ち味」なそうである。私を見ても納得していただけるだろう？

　先に述べた宮沢賢治についての逸話がある。実は私の母方の祖父（伊藤清一）は岩手県国民高等学校で賢治の教え子であった。伊藤は生前，私に「宮沢先生は，エスペラントや英語がよく出来た」と話した。伊藤は賢治の講義「農民芸術概論」を一字一句残さずノートに記載し，それが現存する唯一の記録となっている（賢治自身何も書き残していないため）。そこにも英語の専門用語がぎっしりと書き写されている。また，賢治は自宅から伊藤の自宅に来る際（個人的にも交流があった），必ず田畑を歩いてやって来て，「○○の田んぼにはリンが足りない。まいておいた方がいい」などと言ったという。実は歩きながら，田の土を口に入れ分析していたのである。さすがは岩手が生んだ逸材である。

　一方，石川啄木は明治39年岩手県渋民尋常高等小学校の代用教員の時に，高等科対象に英語の課外授業を行っている。「学校日誌」に啄木は「英語の時間は，自分の最も愉快な時間である。生徒は皆多少自分の言葉を解しうるからだ」と記している。教え子の柴内栄次朗氏ものちに「……会話なんかもふだんにやるようにやらされました。……できるだけ英語で」と語っている。英詩研究者の森一氏は『石川啄木事典』（おうふう）で「英語科教育法を習った訳でもない啄木が，これだけの教案を作成したことは，高く評価されよう。授業も『直接教授法』（Direct Method）『口頭教授法』（Oral Method）に近いものであり，自己流ではあるが，『口頭作業』（Oral Work）を主とした授業であった」と書いている。

　まさに岩手は英語教育のイーハトーブ（賢治が描いた理想郷）なのである。そんな故郷を，私は心から誇りに思う。

第1章 英語教育時評

━━━━━━━━━━━━━━━━━━━━━━━━━━━━ 2004年4月号

英語教育川柳

　英語教育にとって，大きな出来事のあった2003年度。そんな1年をふり返って川柳に詠んでみた。
1．さあ急げ　英語特区で　村おこし　（by 村長さん）
　現在，全国各地に教育特区が置かれている。2003年末現在（第3回認定まで），教育特区27地域。その内，英語教育に関する地域は8カ所を数える。群馬県太田市，栃木県足利市，沖縄県宜野湾市などが知られている。他にいくつかの市町村も，遅れをとるまいと企画立案中である。賛否両論はあるものの，改革精神に期待したい。
2．子どもたち　家では英語　話すなよ　（by おとうさん）
　小学校英語活動が花盛りである。英語教育に関する文部科学省研究開発学校に指定された小学校は，平成15年現在，67校を数える。2月19日付朝日新聞朝刊1面に，「文部科学省は，小学校で英語を教科として考えることを本格的に検討する」との文字が躍った。しかし，「教科にするかどうかを考え始める」ことを，「小学校に英語が導入される」と早合点した人が如何に多かったことか。それほど，関心の高い話題なのだろう。時間はかかろうが，いつかは導入されることになる。そうなると，英語に苦しめられてきた親の前で，平気な顔をして英語を話す子どもたちが現れることになるだろう。
3．悉皆を　漆喰と聞き　恥をかき
　平成15年4月，「『英語が使える日本人』の育成のための行動計画」による英語教員の集中研修「悉皆研修」（悉皆＝みな。のこらず。広辞苑より）が始まった。しかし，財政難等の理由から，平成15年度は，47都道府県中5県，13政令都市中1市，35中核都市中5市が実施を見送った。平成16年度はほぼ全ての都道府県及び市で実施される運びとなった。しかし，実施さえすればよいというものではない。常に担当者（指導主事）が内容を振り返り，研修評価や効果測定を行い，そして，謙虚に評価や批判を受けとめ，研修改善に取り組むべきである。研修の目的が先生方の授業改善にあるならば，まず担当者が襟を正し，周りの意見に耳を傾けるべきである。決して驕ってはいけない。残り4年であ

る。（自戒を込めて。）
4．生徒無視　評価だけに　50分
　絶対評価が導入されて中学校で2年，高等学校で1年が過ぎた。中学校では相も変わらず，本来の指導を疎かにし，評価することに奔走している先生もいる。指導があっての評価のはずが，評価のための指導になっていることを憂える。高校に至っては，未だに絶対評価の意味を理解していない方も多い。周知徹底できない我々の責任でもあるが，文部科学省からも，絶対評価が導入されて1年が経つというのに，今もって絶対評価に関する指針ともなるべき「最終報告書」が出されていない。
　さて，以下も時事的ではないが，英語教育に関する川柳である。
〈生徒編〉
5．目に入れる　アイコンタクト　どんなやつ？
　生徒に向かって「アイコンタクトをしなさい」と言う。「どんなコンタクトだろう」と疑問に思う素直な生徒は，昨今減ってきた。
〈指導編〉
6．訳読の　正しい表記は　薬毒か？
　決して，訳読を否定するものではない。しかし，良薬も多量に服用すると猛毒になることもある。服用はほどほどに。
〈教師編〉
7．シケ単と　マクドで分かる　大阪人
　「試験に出る英単語」（青春出版社）を東京では「出る単」，大阪では「シケ単」，マクドナルドを東京では「マック」，大阪では「マクド」と呼ぶ。
8．文法を　仏法のごとく　説く教師
　文法至上主義の先生方は多い。入試を理由に授業形態を変えようとはしない。時代錯誤となる日も近いのだろうか。
9．英語から　愛を取ったら　ただのエゴ
　教育には愛がなければいけない。EIGOもIがなければ，ただのEGO。教師の一方的な授業では，生徒の気持ちがますます離れていくことになる。
　以上，お粗末でした。

（参考）菅　正隆「一言箴言」『英語教育通信』（教育出版）2003年10月

第1章　英語教育時評

■ 2004年12月号

透明感が信頼を生む—情報の適正な取り扱い—

　台風23号に新潟県中越地震。自然災害が続いている。刻一刻と入る情報。それにより避難する住民。生きるためには的確な情報が必要である。

　英語教育においても，数々の情報が一般に公開されている。それらの情報を的確に捉え，教育に活かすことは重要なことである。

　本年スタートした中央教育審議会外国語専門部会。ここでの議題や意見等も公開されている。6月22日に開かれた第5回部会以後，参議院選挙のためにしばらく開かれていないが，今までに委員の方々から出された意見の中には興味深いものがある。テーマ別に7例紹介したい（『　』内はテーマ。「　」内は委員の意見）。『現在の外国語教育全般についての認識と課題』では，「教育課程実施状況調査でも，英語が嫌いな子どもは他の教科に比べて少ないという結果が出ており，日本の英語教育は比較的成功していると考える。過去の学習指導要領の改訂，入試についても，望ましい形に改善されてきている」という意見があった。文部科学省が喜ぶ意見ではあるが，果たしてそうだろうか。『今後重視すべき外国語の力』では，「英語を学校教育として教える場合には，きちんとした発音で教えるべきである」との意見に対し，「本当にきちんとした発音でなくても，例えば国際会議などの場で英語によるコミュニケーションは可能であり，必ずしもきちんとした発音の英語であることが求められるわけではない」という対立意見もある。また，「初等中等教育における英語教育は，スキルのみならず人格教育の視点も重要である」との意見には，全く同感である。この点をご理解いただける委員がいることは嬉しい限りだ。

　さらに，『中・高等学校における外国語教育の在り方』では「週3〜4時間程度（の授業）では，英語が使える日本人にはなれない」と手厳しい意見もある。『小学校の外国語教育の在り方』では，「2010年に教科として導入するというような目標を立てた上で，研究開発学校等を通じて課題を解決していくべき

である」という意見の一方,「客観的に見て,すべての小学校に導入し,すべての児童に履修を義務付けることは時期尚早である。意欲のあるところ,条件の整ったところではやれるよう,手厚い公的支援が求められる」との意見もある。公開されたこれらの情報を目にすると,密室で教育政策が立案されていた時代とは隔世の感がある。私はよく,織田裕二主演の『踊る大捜査線』の台詞,「事件は会議室で起きてるんじゃない。現場で起きてるんだ」にかけて,「教育は会議室で行うんじゃない。現場で行うんだ」と喩えていたが,討論は会議室でされるとしても,今後の日本の英語教育の進むべき道がこのように我々にも届いていることは審議会への信頼も増すことにつながるであろう。必要な情報を共有し,皆で日本の英語教育について考えていきたいものだ。

　他方,情報とは言え,個人情報は別の次元の話である。平成15年5月30日に施行された個人情報保護法。「個人情報は,個人の人格尊重の理念の下に慎重に扱われるべきものであることにかんがみ,その適正な取り扱いが図られなければならない」との基本理念から成り立っているこの法を考えるとき,英語教員集中研修で行われている外部試験(TOEIC, TOEFL等)を思い浮かべる。平成15年度末の時点で,これらの試験を研修に盛り込んでいるのは,25都道府県,8政令都市,9中核都市にも及ぶ。これらの地域で,試験のデータはどのように扱われているのだろうか。「外部試験は教員の英語運用能力を判断し,能力向上をめざす指針にするものである」と詠っていながら,この個人情報を人事等に利用しているとも聞く。利用するのであれば,事前に利用目的を明確にする説明責任が求められる。これは個人情報を扱うものの責務である。外部試験が多く利用されることに対し,教育評論家の和田秀樹氏は『文藝春秋』10月号で次のように述べている。「TOEICの結果が昇進,昇給を左右したり,国立大学の入学の資格や公立学校の教員採用の条件になったりしている風潮は,明らかに行き過ぎだろう」と。

　各種の情報をどのように扱うか。行政の真価が問われる。判断を誤ってはならない。

第1章 英語教育時評

■ 2005年3月号

菅流「求む筋金入り英語教育者たち・来たれ熱き英語教育者たち」

　2001年4月号より4年の長きに渡り担当してきた本時評も，今月号をもって最後となった。この4年間，英語教育の課題や問題点，情報等を，歯に衣着せぬスタンスで精一杯発信してきたつもりである。時にはお叱りの，また時には激励の手紙を頂き，一喜一憂することもあった。終わりとは言え，まだまだ話題や情報には事欠かない。それほどまでに英語教育は奥が深く，また，目に見えない魑魅魍魎も存在するのである。私ひとりの手では到底解決できるものではない。今回，最終章にあたり，私が今後の英語教育に望むことを書き，筆を置くこととする。

　最近，各方面で学力低下問題が取り沙汰されている。新聞紙上には毎日，「ゆとり教育を修正」「総合的な学習見直し」等々の文字が躍る。1月23日付産経新聞朝刊には「義務教育9年間で行われる総合学習は700時間前後。中学3年間しか学ばない英語の倍以上を費やす」とまで書かれる始末。この学力低下問題は英語においても同様のことが言える。それは文部科学省による中高の教育課程実施状況調査や各種のデータからも明らかだ。その理由は，週5日制や総合学習導入に伴う授業時間数の削減が大きな原因と見る向きが一般的である。中学校における英語の授業時間数は行事等の関係で週平均2.5時間程度と言われる。しかし，ここで私が強調したいのは，多くの英語教育者が「時間数が減ったので学力が落ちた。由々しき問題だ」と単に評論家に成り下がってはいないかという点である。

　このことを考えるとき，1981（昭和56）年度からの中学校英語週3時間体制に対する英語教育者の動きを思い出さずにはいられない。そのとき，多くの英語教育者（故若林俊輔氏，隈部直光氏等々）が立ち上がった。本誌別冊『英語教育 Fifty』で江利川春雄氏は次のように書く。「1981年には『中学校英語週3時間に反対する会』（隈部直光代表）が結成され，反対署名，国会請願，文部

省への陳情を繰り返した。事務局の若林俊輔氏宅の8畳間は，全国に発送する書類で天井まで埋め尽くされたという。こうした尽力で，89年版指導要領では『週3＋1時間』に戻された」とある。ついに国を動かしたのである。この当時を振り返って隈部氏は「あの頃は皆これからの日本の英語教育を憂えていた。だから国会まで行き，陳情し，座り込みまでもした」と懐かしく語る。しかし，このような行動が一朝一夕にできたわけではない。実は隈部氏らは，ある反省の上に，立ち上がっていたのである。これは上記行動に移る4年前のこと。隈部氏は書く。「(昭和50年11月の教育課程審議会中間まとめに対し) 他教科では，委員に対して猛運動をくりひろげてきたと聞く。英語教育界は何をしてきたか。何もしてこなかった。せいぜい英語教育改善懇談会のアピールがあっただけで，これさえ，肝心の英語教育界の内部においてすら，一部の物好きのたわごとぐらいにしか受けとられていない」『英語教育年鑑1977年度版』(開拓社) と。

　時代が違うのかもしれない。しかし，あの時代に生きた熱き英語教員の血潮を感じ，我々が，英語教育を行動をもって推進していかないかぎり，偉大な先輩諸氏に対して顔向けができない。来たれ筋金入りの英語教育者たち！

　昨今，都市部の中高英語教員の採用数が増加しつつある。これは，いわゆる団塊の世代と呼ばれる50歳代の先生方が退職する時期に当たることや少人数指導・習熟度別指導が増えたことに起因する。大阪においても，来年度新規採用英語教員は，中学93名，高校42名となっている。4年前に中学13名，高校採用なしであったことを考えれば雲泥の差である。しかし，採用が増えたと喜んでばかりはいられない。採用が増えれば質が低下するのは世の常である。最近の新任教員は確かに英語力は高い。しかし，授業において一方的に話す人や，生徒との人間関係に悩む人が増えた。これも，IT時代に生きる若き教員たちだからであろうか。生徒に対する愛を持たない人が教壇に立つことは誰にとっても不幸である。英語どころの話ではない。生徒の目がキラリと光る授業をめざし，骨折りを惜しまない人を1人でも多く学校に迎えることが日本のこれからの英語教育の発展に繋がると考えている。来たれ熱き英語教育者たち！　お・し・ま・い。

第2章 菅先生に聞こう！ 授業の悩みQ&A

2005年4月号

少人数授業成功の秘訣

Q 昨年4月より，少人数授業を行っていますが，なかなかうまくいきません。少人数授業を成功させるための指導方法やクラス分けについて教えてください。　　　　　　　　　　　　　　　　　　　　（福島県，Jさん）

A

　私は少人数授業を14年，習熟度別授業を16年経験しました。どちらも授業開始年度は手探りの状態で，満足行くまでには数年の歳月を要しました。Jさんがうまくいかないというのは当然のことかもしれません。そこで，私の経験から得た少人数授業の成功の秘訣をお話しましょう。

　まず，少人数授業を行えば，自動的に生徒の学力が向上するという幻想は捨てるべきです。学力を向上させるためには，それなりの工夫と仕掛けが必要なのです。仮に中学週3時間を1クラス2展開（20人×2クラス），また高校「英語Ⅰ」週3時間を同様の展開で行うことにすれば，ポイントは以下のようになります。

(1) **生徒とのインターラクションを増やす**
　ティーチャー・トークの中で，一人でも多くの生徒とコミュニケーションを図ります。

(2) **音読の時間を増やし，生徒のモデル・リーディングの回数を増やす**
　生徒に人前で音読することに慣れさせます。

(3) **ひとつの活動の回数を増やすだけでなく，活動の種類を増やす**
　生徒数が少なく，話し相手がほぼ固定されるために，同じ活動を繰り返しても刺激があまりありません。そこで，活動の種類（パターン）を増やすことで，語彙や表現の確実な定着を図ります。

(4) **活動中は生徒の中に入り，細かな注意を施す**
　ノートのチェックや，スピーキング活動での表現チェックをこまめに行いま

す。
(5) ワークシート等による作業では，机間指導を繰り返し，採点・訂正を行う

　生徒の状況に合わせた進度で力を伸ばします。授業の雰囲気づくりも重要なポイントとなります。

(6) 20人全員を教室の前方に座らせる（40人教室を使用する場合）

　空き座席が無いように，生徒を前方にかためて座らせます。座席が空いていると学習に集中しにくくなり，授業の雰囲気を壊すおそれがあります。

(7) 週3時間の授業全てを少人数で行うとは考えず，臨機応変に授業を組み立てる

　例えば，スピーチ発表やスキット発表においては，必ずしも20人の少人数クラスの方が効果を上げるとは言えません。原学級（40人学級）で行うとどうなるでしょう。普段別々に授業を受けている残りの20人の発表を聞ける数少ない機会になると同時に，自分の発表を，他の20人に聞いてもらえる貴重な機会にもなるのです。

　次にクラス分けについてお話しましょう。

(8) クラス分けには細心の注意を

　1クラス2展開を行う場合，機械的に（出席番号1番～20番，21番～40番等）2つに分けるよりも，教師が仕組んだクラス分けにする方が効果的です。例えば，2つのクラスにそれぞれ授業の雰囲気を良くするリーダー的生徒を配します。また，学力の低い生徒には，その生徒をフォローすることができる生徒を配し，人前で声を出すことが苦手な生徒に対しては，その生徒の精神的な助けとなるべき生徒を配することなどを工夫します。

(9) 学期ごと，定期考査ごとにクラス替えをする

　メンバーを刷新することで，授業に活を入れます。新しいメンバーでの活動で，クラスメートの個性の新たな発見があるかもしれません。また，先生と生徒の相性という問題もあります。より相性のよい先生の方に授業を受け持ってもらうのも一案でしょう。

　いずれにしても，行政から「学力の伸びない少人数授業には予算は出せない」と言われる前に，今一度，授業を見直してみてはいかがでしょうか。

第2章 菅先生に聞こう！ 授業の悩みQ&A

2005年5月号

英語で授業？ 効率を考えながら？

Q 先日，授業を参観された指導主事の方から，「授業は英語でしなさい」と指導されました。英語で授業を進める場合，どのような点に注意すべきなのでしょうか？ 　　　　　　　　　　　　　　　　（熊本県，Kさん）

A

　この点については，文部科学省から出された「『英語が使える日本人』の育成のための行動計画」の中に，「教員は，普段から主に英語で授業を展開しながら，生徒や学生が英語でコミュニケーションを行う場面を多く設定することが重要である」と述べられています。しかし3月末の文部科学省国際教育課の調査では，高等学校「英語Ⅰ」の授業で，「ほぼ英語で授業を行っている」割合は0.1％，また，「半分程度英語で授業を行っている」割合は8.8％となっています。まだまだ英語で授業が行われていないのが現実です。一方，富山県では，中高教員に対して，「授業の70％は英語を使うこと」という数値目標が示されています。このように，徐々にですが，英語で授業をしようという機運は高まっているようです。では，どのような点に注意すればよいのでしょうか。

(1) **クラスルーム・イングリッシュはただの信号**

　指示や注意などの定型のクラスルーム・イングリッシュは，生徒にとっては常に耳にする表現であり，単に行動（条件反射）を起こすための信号になりかねません。したがって，クラスルーム・イングリッシュをいかに多用しても，生徒のリスニング能力が向上するとは考えられません。しかし，環境づくり（生徒に「英語を学んでいる」との認識をもたせること）には効果があるでしょう。

(2) **英語の内容を吟味する**

　対象となる生徒の学力を考慮し，英語表現を考えることが求められます。既

習範囲の表現や語彙を使用することが重要ですが，もし，難しい語彙を使用する場合などには，その単語を強調したり，リライトして説明したり，生徒の理解度が増す努力をする必要があります。

(3) **日本語の効率と英語の効率を常に考える**

　50分の授業大半を日本語で進めるのは問題ですが，同じように生徒の理解度が低いのに大半を英語で進めるのも問題があります。要は，文法説明のように日本語で説明した方が短時間で済み，効果的であると考えられるところは日本語で行い，ティーチャー・トークなどのように生徒に聞かせたいところは英語で行うなど，計算しながら授業を仕組んでいくことが大切です。

(4) **英語が苦手な生徒に対してこそ英語で授業**

　英語が苦手な生徒に対して，「英語で授業なんてとんでもない」と言う先生がいます。これは間違いです。そのような生徒にこそ，英語で授業を行うことで，生徒の意識を変えたいものです。そのために，入学当初から英語で授業を進めることをお薦めします。英語使用の一番のポイントは「英語の授業は英語で進めるものである」と思わせることです。学期の途中や2年生から急に英語で授業をしようなどと考えるのは無謀なことです。

(5) **英語が堪能なあまり，生徒が見えなくなる**

　先生の英語が堪能なあまり，授業中，難しい表現を平気で使い，生徒が困惑している場面をよく目にします。これでは，英語のシャワーを浴びせるのではなく，プールに生徒を叩き込むようなものです。害あって益無しです。生徒の反応をつぶさに観察しながら英語を使うことが求められます。

(6) **先生方の英語力向上にもつながる**

　多くの先生方が「授業で英語を使うようになってから英語力が向上しました」と話されます。生徒の英語力向上だけではなく，自身の英語力向上のためにも授業を英語で進めるのもよいのではないでしょうか。

　そして，授業を英語で進めることによって，生徒はどのように変化し，英語力がどのように変化したかを常に検証し，より効率的な英語使用を心がけたいものです。

第2章 菅先生に聞こう！ 授業の悩みQ&A

● 2005年7月号

小学校で授業するコツ

Q 中学の教員です。4月から小中連携事業により，週1回小学校で英語を教えています。しかし，あまりうまくいかず悩んでいます。成功するためのコツを教えてください。 （大阪府，Kさん）

A

　小学校における英語教育は3つの型に分類されます。1つは，「総合的な学習の時間」における国際理解教育の一環としての「英語活動」。2つ目は，構造改革特別区域における教育特区での「英語」，そして3つ目は文部科学省研究指定学校における教科「英語」です。それぞれ，目的が異なりますが，ここでは，1つ目の「総合的な学習の時間」を念頭に置きながらお答えします。

(1) **言葉使いに気をつける**

　普段，先生方が中高生に対して使う言葉には，生活指導面も含めて少々乱暴なものや，大人に対して使うもの（意味が難解なもの）などがあります。また，時には大きな声で叱責する場合もあります。これをそのまま小学校に持ち込んではいけません。もし同じ物言いをしますと，子どもたちは恐れたり，傷ついたりして，授業に対して消極的になります。非常にナイーブな部分がありますので，まずは小学校の先生方の話し方を学び，わかりやすい言葉で優しく話しかけることを普段から心がけたいものです。私は髭があるというだけで低学年の子どもたちに嫌われました。

(2) **目線の位置に注意する**

　小学生は一般に身長が低く，目線も低い位置にあります。ですから，先生が直立して子どもたちを見ますと，子どもたちは威圧感を覚えるものです。これだけでも英語や先生が嫌いになってしまうかもしれません。時には床にひざまずき，子どもの目線で話をします。すると，心を開き，元気よく話しかけてく

るものです。授業の達人と言われる先生方の多くはこの方法をとっています。
(3) 待つことは金
　こちらの質問に，子どもたちは「えーと」「え？」などと言い，すぐには答えてくれない場合があります。中高生でしたら，すぐに次の生徒にまわすのですが，小学校では，これは禁じ手です。答えられない場合には，子どもにペースを合わせ，ゆっくり思い出させて一緒に答えを言ってあげるなどの方法を取りたいものです。私は，生徒が「え～と」と言った瞬間，それは8やろ！　とつっこんでいました。
(4) **アンテナを張る**
　生徒の活動や反応を適宜観察するために，子どもの周りをまわり，次の活動の流れを適切に組み立てます。ゲームの仕方を理解していない子どもが多いと感じられれば活動を止め，再び体を使って説明したり，楽しく活動している場合には活動時間を延ばすなど臨機応変に組み立てたいものです。一方的に教壇から説明するようでは，英語嫌いを増幅させるだけです。
　以上が，子どもと接する際の注意点です。英語指導面では，以下の点に注意します。
(5) **文法シラバスを忘れる**
　文法シラバスを考えずに，子どもたちの興味・関心を考えながら日常生活で使用する定型表現を取り扱っていきます。ただし，表現を定着させることにあまり力を注がず，年間を通して，何度もその表現を取り扱う状況をつくり，体験的に身に付くようにスパイラルに指導計画を立てます。
(6) **発音に注意する**
　小学校の目標の1つに，音声を多く聞かせ，「聞く」力を伸ばすことがあります。特に低学年時に間違った発音が身に付かないように，発音には特に注意を払いたいものです。
　活動を有意義なものにするために，時には自身の授業ビデオを撮影し，子どもの気持ちになってチェックしてみることも大切です。深夜一人見ていると，ホラー映画より怖いかもしれません。

第2章 菅先生に聞こう！ 授業の悩みQ&A

2005年8月号

スピーキングの評価はどうする

Q スピーキングに関する評価について悩んでいます。どのような点に注意して評価すべきか，また，活動別に評価すべきポイントとは特に何かを教えてください。
（東京都，Aさん）

A

評価のための条件整備からお話ししましょう。

(1) **証拠を残す**

実技を評価する場合，評価対象となる会話やスピーチなどは記憶からすぐに消えてしまいます。後で，生徒に「なぜ，この得点なの？」と尋ねられても，返答の拠り所となるものは存在しません。これでは，生徒が不信感を抱くかもしれません。そこで，すべての実技テストをビデオに録画して残します。これにより，評価に対する説明責任を果たすこともできますし，再評価にも役立ち，生徒に改善点を指摘することもできます。

(2) **評価規準を統一する**

担当者によって評価がまちまちでは，信頼を損ないます。録画した実技の数例を担当者がそろって見ながら評価規準を確認し，評価軸を揃えます。

(3) **揺るぎのない目標を立てる**

実技テストでは，生徒の様々な点が気になってくるものです。声の大小，イントネーション，視線，内容等。しかし，一度のテストで評価できるポイントは，せいぜい2，3箇所でしょう。欲張ってはいけません。「今回のテストではこのポイントを評価する」と決めたら，生徒に公表し，自信をもって評価を下すことが大切です。これにより，指導もビジョンをもって行うことができます。

次に，活動別に注意点をお話ししましょう。

(4) **対話に関して**

既習の定型表現のみを話させるのであれば，定着の度合いを評価し，適切な

応答までの間、会話におけるマナーなども評価したいものです。一方、自由度のある対話では、臨機応変な態度や適切な応答、会話を発展させる能力を計ります。

　通常、対話では話し相手に声が聞こえさえすればよいので、声の大きさを評価の中心ポイントに置くのは不自然なことです。

(5)　スピーチに関して

　内容もさることながら、声の大きさ、視線、説得力をもった話し方や態度も大きな評価ポイントになります。指導においては、先生が見本を示し、海外の人のスピーチなども見せながら、視線やジェスチャーなどの練習を繰り返させます。

(6)　インタビューに関して

　適切な応答はもちろんのこと、積極的に自分のことについて自分の言葉で表現できるかを判断します。時には質問者に対して卑屈にならずに、堂々と応答しているかどうかも評価したいところです。

(7)　スキット・劇に関して

　ここでは、なんといっても役柄に徹しているか（なりきり度）でしょう。しかも、役柄に合った発声や台詞の読み方なども重要なポイントになります。また、見ている人にどれだけアピールすることができるかも評価したいポイントです。私なら、個性がキラッと輝いたところも評価します。私自身は、今では頭がピカッと輝いています。

(8)　ディスカッション・ディベートに関して

　評価は発言回数の多いものが高いというものでもありません。流れに沿って、的確に話しているかどうかがポイントです。準備万端整えてきても、話の流れに乗れないのであれば、努力点どまりです。そうさせないために、どこで話を切り出すかについても指導したいところです。

　忘れてはいけないことは、上記のようなポイントで評価をする場合、普段の授業においても、評価ポイントを意識しながら指導することです。また、accuracy や fluency をいつの時点からどの程度求めるのかも、指導当初から明確にしておくことが必要になってくるでしょう。

第2章 菅先生に聞こう！ 授業の悩みQ&A

● 2005年9月号

聞いてみたい授業にするには

Q 秋からの授業を活性化しようと考えています。教科書と切り離して短時間で生徒に興味・関心を持たせられるような教材，指導，面白いアイデア等を紹介してください。　　　　　　　　　　　　（北海道，Yさん）

A

　何と贅沢な悩みなのでしょう。このような質問をする先生は大抵，指導もしっかりしているものです。悩みというよりはプラスαの指導を考えているのでしょう。それでは，いくつかご紹介します。どれも授業の「つかみ」となるものです。

(1) **本日のスモール・トーク**
　多くの先生方が取り入れていますが，授業開始の挨拶の後に5分程度のトークをします。ただし内容が問題です。先生方の内輪ネタや家族の話では中学1年生には受け入れられますが，学年が進行するにつれて興味を示さない生徒が増えてきます。高校生には，「自慢話」にさえ聞こえたりします。そこで，タイムリーな話題（事件，スポーツ，学校行事等）について話をします。（ただし，関西ではオチが必要です。）その後，内容に関するQ&Aをワークシートで確認します。

(2) **インターネット等による情報記事の速読**
　インターネットは英語教員にとって教材の宝庫です。毎日更新される内容を速読練習の教材として利用します。事件や事故のニュースばかりでは教室の雰囲気が暗くなります。生徒の状況に合わせて，読み進めたくなるような内容を考えるとともに，5分程度で十分読み終えられる語数のものを選びます。私自身は芸能ゴシップ記事が大好きですが，slang等教育にとって不適切なものは排除する必要があります。また，終わりにサマリーをさせるのも効果があります。

(3) 携帯電話の利用

　私は10数年前，公衆電話を教室に持ち込んで，日本最初の国際電話の実践を行いました。その際，「つかみ」(約5分)では，世界各地の電話サービスにつなぎ，時報や天気予報の確認をしました。短時間，集中してリスニングの練習をするには最適です。時代が変わり，携帯電話でもこの実践が可能になりました。携帯電話にピックアップマイクを付けて，生徒に"Let's listen to the weather report in New York."などと言い，天気予報サービスに電話をかけ，ライブでスピーカーから各地の天気予報を聞き取らせます。生徒は各地の特徴ある英語を耳にするとともに，各地についてのイメージを膨らませるようになります。

(4) 「朝の読書」転じて「つかみの読書」

　「朝の読書」は小中高，校種を超えて多くの学校で取り入れられています。これを英語の授業にも取り入れてはどうでしょう。生徒の状況にもよりますが，生徒個々にサイドリーダーの本も持たせ，7～8分程度自分のペースで読ませます。ここでのポイントはやさしめの英文をできるだけ多量に読ませることと，毎時間繰り返し，読む楽しさを実感させることです。サイドリーダーは先生が数十種類提示し，その中から生徒自身に読みたい本を選ばせます。読み終えたら次の本へ移ります。これを年間，または各学年が連携して3年間続けるとかなりの学力が身に付きます。

(5) 英語を苦手とする生徒にはこれでしょう

　これも私の実践からです。授業の開始時に生徒数人にスピーチをさせる先生はいますが，私の場合は1グループ(ソロの場合もあり)に英語の歌を歌わせました。カラオケテープは生徒持参の場合もあれば私が用意する場合もあります。他の生徒の中には歌を聞きながらリズムを取る者や，一緒に歌い出したりする者もいます。これだけでも，英語学習の価値(ここでは英語の歌を歌えるという自信がつき，人に自慢ができるということ)を理解させることができます。

　以上，どれをとってもほんのちょっとした発想の転換を図った内容です。やってみる価値はあると思いませんか？

第2章 菅先生に聞こう！授業の悩みQ&A

2005年10月号

ALTのうまい活用法とは

Q ALTをうまく使い切っていません。授業を含め，彼らを効果的に活用するにはどのようにすればよいのでしょうか。　　　　（高知，Mさん）

A

　ALTを効率よく活用するには，それ相応の心構えが必要になります。特に，ALTとの関係がうまく図れないと，効果的で楽しい授業は期待できません。ポイントを整理しましょう。

(1) **遠慮はしない**

　最近では減りましたが，ALTをお客様扱いしている先生方を目にします。しかしこれは間違った考え方です。プロとして給与をもらい，同じ教壇に立ち，生徒に英語を教えるという点では我々とまったく同じ立場にあります。ただ，彼らは教員としての免許を持たず，教育に関しては素人（中には大学で教育関係を専攻した者もいますが）であるという点が異なります。先生方は常にALTの指導者であり，リードする立場にあることを忘れてはいけません。もし，万が一，指示に従わない場合や問題点がある場合には，管理職から教育委員会に連絡をし，配置転換等を要求することも考えられます。ちなみに，私はかつて教育センターで問題ALT（セクハラ，暴言等）を数か月間指導研修した経験があります。

(2) **よい関係をつくる**

　我々が海外で日本語を教えるとしましょう。指導方法もわからず，生徒が何を考えているのかも読み取れない。毎日が不安の連続でしょう。それがALTの状況なのです。そこで，まず，情報を提供しましょう。学校の状況，生徒個々の性格，特徴。知ることで不安が徐々に解消されます。そして良好な関係をつくっていくのです。ALTとのコミュニケーションがよく図られていると，授業もテンポがよくなり，まるで掛け合い漫才のようなTTができるようにな

ります。

(3) 生徒との関係を密にさせる

　授業外でも生徒とコミュニケーションを図らせたいものです。私は，時にはノートのチェックを ALT に任せていました。自由な発想で英文を書かせる課題や，スピーチ原稿などをチェックさせます。ただそれだけではありません。ノートを交換日記風に利用し，質問や悩みなど，生徒に必ず一言英文を書かせるようにします。そして，ALT がこれに回答する。これにより，生徒は ALT を兄や姉のように感じ，ALT も生徒個々の状況を把握でき，授業の活性化に役立ちます。

(4) 空き時間の課題を提供する

　ALT は授業の空き時間に何をしていますか？　インターネットを見たり，新聞を読んだりしていませんか？　これは彼らを殻に閉じこめることになります。教材作りや生徒のノートチェック，時には，生徒の音読や発音を録音したテープをチェックさせるのもよいでしょう。彼らに課題を提供し，常に授業モードにしておくことも必要です。

(5) コペルニクス的転回

　先生方は「TT はこうあるべきだ」という固定観念に毒されていませんか？モデル・リーディングは ALT，日本語訳は JTE。これがマンネリの原因です。お互い得意な部分を受け持つのは自然なことですが，時には JTE がモデル・リーディングをし，ALT が日本語訳をするなど，自由な発想で授業を創ってみてはいかがでしょう。奇をてらったように見えますが，実はこれが生徒の意欲を喚起するのです。ALT が英文を読む，JTE が日本語訳をするなどは当たり前のことなので聞き流す場合が多いのですが，JTE が英文を読むと，ALT と比較をしたり，ALT が日本語訳をすると，間違いを指摘したりと，生徒の授業態度までが変化します。

　以上をまとめますと，①生徒理解，JTE と ALT との相互理解，②固定観念にとらわれない自由な発想，③漫才師のような関係と間の取り方に集約されそうです。

第2章 菅先生に聞こう！ 授業の悩みQ&A

2005年11月号

効果的なハンドアウトを作ろう

Q 生徒が注目するハンドアウト・ワークシートを作りたいと思っています。作成する際のポイントを教えてください。　　　　　（神奈川，Tさん）

A

　ハンドアウトやワークシートの中身はさておき，紙面作りひとつで生徒のやる気を引き出すことは可能です。反対に，紙面の構成ひとつで生徒のやる気を削ぐこともあります。そこで，生徒が注目し，しかも効果的にやる気を起こさせるハンドアウト・ワークシートの紙面作りについてお話ししましょう。

(1) 圧迫感を与えない

　先生方の自作のハンドアウト類の中には，小さな字で書かれ，行間が狭く，しかも用紙の上下左右の余白（マージン）が極端に狭いものをよく目にします。これは生徒に無駄な圧迫感を与えるだけで，やる気を削ぐことにもつながります。

　先生方の「これも教えたい」「あれも書きたい」という積極的な姿勢は分かるのですが，1枚に多くのことを書きすぎるのは考えものです。書き込むことは必要最低限に留め，足りないところは先生方の話の中で補充したり，生徒自身が考えたりするために敢えて記入しないなどの配慮が必要です。私の経験や生徒の意見から，やはり文字設定は40字40行を基本に±3字程度に留め，マージンは20～30mmが効果が高いようです。一太郎やワードの初期設定はその意味で，よく考えられています。

(2) 文字には主張がある

　字体にも気を配りたいものです。私は日本語は明朝，英字はCenturyを基本にしています。しかし，タイトルはポップ調やコミック調を利用します。文

字サイズは10.5ポイントを基本にしますが，生徒の状況によっては，少々ポイントを大きくすることでも効果が期待できます。ただ，1枚の紙面上に様々なポイントの字が乱舞するのは考えものです。

(3) **日本語は極力少なめに**

　紙面一杯に日本語が書かれているものを目にすることがあります。私は，かつてハンドアウトを手にしたときの生徒の視線に注目したことがあります。すると，生徒のレベルの如何に関わらず，視線は日本語を求めて紙面上を上下左右に移動します。特に英語を苦手とする生徒は，日本語を読んで終わってしまい，敢えて英文に目を移そうとはしません。ここが問題です。日本語を読んだだけで「わかった」気持ちにさせてしまうことは，英語のハンドアウトとしては失格です。可能な限り紙面は英語だけにし，生徒の視線が始めから「英語」に注がれるようにしなければなりません。

(4) **絵や写真を効果的に挿入する**

　紙面に日本語をほとんど入れないとなると，不安を感じる先生方がおられるかもしれません。先ほどの生徒の視線の話に戻りますが，日本語に注がれる前後に絵や写真にも注がれることが分かります。そこで，英文の理解を促進させるために，絵や写真を効果的に（きれいに）挿入することです。これにより，生徒の想像力を促し，英文にも目が向くというものです。

(5) **仕掛けを仕組む**

　時には，紙面に生徒の興味・関心を引く内容の枠囲み欄を取り入れたいものです。そこには，紙面内容に関する小ネタや文化的背景などを数行で書き込みます。もちろん，ここは日本語でも結構です。プリント学習の際の小休止，ブレークとして活用できます。生徒に「しょうもな～」（大阪弁），「おもろぐね」（岩手弁），「つまんない」（東京弁）と言われたら先生方の負けです。しかし，読んで「クスッ」と笑わせたり，「なるほど」と言わせたら勝ちです。ハンドアウト1枚でも，常に生徒との勝負なのです。いい加減に作成することは生徒を育てようと思っていない気持ちの表れかもしれません。

第2章 菅先生に聞こう！ 授業の悩みQ&A

● 2005年12月号

小学校英語活動成功のポイント

Q 小学校の教員です。NHKのニュースで小学校の英語が「早ければ2年後の平成19年度から，小学校3年以上を対象に行われる」と聞きました。今からどのような準備をしたらよいのでしょうか。　　　（群馬，Sさん）

A ....

　まず，始めに言っておかなければなりません。10月13日のNHKニュース（午後7，9，10時）で報道されました，「小学校でも英語を必修教科に」は誤報です。まだ，一切決定していません。翌14日の文部科学大臣の会見でも「これは事実とは異なります」と明言しており，「中央教育審議会でご議論をいただいているところです」と回答しています。NHKの報道には驚くばかりで，報道姿勢自体にも疑問が残ります。私と同じように，この報道に驚かされた先生方は全国に大勢おられたことと思われます。残念なことです。

　ところで，質問を「総合的な学習の時間において，英語活動を成功させるためには」としたいと思います。これは将来，小学校英語がどのような形になろうとも，共通のポイントとなります。

⑴　**多くの授業を参考にする**

　まず，現在，各地の小学校で行われている英語活動を先生の目を通して実際に体験することです。特に，文部科学省の「小学校における英語教育に関する研究開発学校」（全77校）や「構造改革特別区域研究開発学校設置事業における小学校の英語教育の取組」学校（全49件）を見て，先生自身が感じられたことや問題点を直接学校側にぶつけてみてはいかがでしょう。多くの授業を参観することで，小学校英語のあるべき姿が見えてくると思われます。

(2) イメージをもつ

　参観した学校のカリキュラムや市販の単行本にあるカリキュラム例を参考にして，ご自身の学校の子どもたちにとって，どのような内容が効果的かを考えながら，子どもの「育ち」のイメージを持つことです。そこから初めて，目標が見え，カリキュラム作成が可能になります。

(3) 手作り教材をストックする

　私は，元来，小学校の先生方はマルチ人間だと思っています。絵が上手に描け，歌も歌え，スポーツも堪能。これを英語活動に取り入れない手はありません。特に，授業で使用する教材・教具は市販のものはかなり高価です。そこで，手作りで絵カードやゲーム用品を作り，長く使えるようにラミネート加工し，空き教室等を教材置き場として，ストックしておきます。手作りの温かい教材は情操教育にも役立ちますし，費用も安く済みます。

(4) 市販の教材で英語力の向上を図る

　英語力に自信の持てない小学校の先生方は多くおられます。大阪府の「小学校における英語活動実施状況調査」（平成16年）でも，「教員の英語力に不安がある」を挙げている学校は322校（全731校中）にも上っています。しかし，小学校の授業で使用する英語表現（classroom English）はせいぜい100文程度でしょう。それを自由に使いこなせるようになれば問題はありません。そのためには訓練と経験が必要です。また，発音についても音声教材を真似て英語の音に慣れ親しむことです。言語を習得するには努力が必要です。高価な語学学校に通う必要は特にありません。

(5) 研修や研究会に参加する

　公的な研修や，研究会にもできる限り参加したいものです。さまざまな情報や指導方法が学べるとともに，時にはご自身の授業についても評価してもらうことができます。多くの方から批評され，そして授業が改善され，その結果，子どもたちに還元されていくというシステムの構築が必要です。指導方法を教えるのに，高価な費用を取る団体などには参加しなくても十分に技術を向上させることができるのです。

第2章 菅先生に聞こう！ 授業の悩みQ&A

2006年1月号

英語授業評価のシステム

Q 授業評価システムを構築することになりました。評価のポイント，特に英語に関する授業評価についてお教えください。　　　　（匿名希望）

A

　今月は，授業の中味とは異なりますが，授業を改善する際のヒントになりますので，取り上げてみました。質問をいただいた方は指導主事と推測されます。今，学校評価が花盛りで，その一部に授業評価が組み込まれている場合があります。教員と生徒，保護者との信頼を構築していくプロセスとして授業評価は大きな意味を持ちます。

　教員も授業評価のシステムを知り，評価ポイントを知ることで，実は授業改善を図ることが可能になるのです。

(1)　**システムは公明正大であること**

　授業において，「よい授業」とは何か，というスタンダードが確立されていない現状では，まず，誰もが納得できるようなガイドラインや評価項目を作成する必要があります。そして，それらを公開することです。これにより，評価される側も謙虚にその評価を受け止め，ガイドラインにしたがって，授業改善を図ることもできます。

　また，授業評価を実施する際には，資料として多くのデータや情報の収集が不可欠です。そして，データは可能な限り本人に提示し，意見を求めます。本人不在のところで評価されるのでは，授業改善に結びつくとは思われません。

(2)　**評価のための資料収集**

① アンケートの実施

　授業に関して，学習者（生徒），保護者，授業者（教員）の三者にアンケートを実施します。そのために，まず授業評価規準を作成する必要があります。

ある県の生徒向けの評価規準の一つに,「先生は生徒一人一人の学習成果やつまずきに気付き,対応してくれた」という項目があります。一方,授業者向けには「生徒一人一人の学習状況の把握に努め,必要な支援を行った」とあります。これは,教員側から見た授業と生徒側から見た授業に対する見解の違いを明らかにするものです。実際,教員が良かれと思った指導が,生徒に全く受け入れられなかったということもあります。その食い違いがなぜ起こるかを分析させることも授業改善に直結すると考えられます。

② 研究授業における観察

実際の授業を,第三者の目を通して観察し,評価することも必要になります。ただし,評価者を誰にするのかは意見が分かれるところでしょう。指導主事か,各都道府県内のスーパー・ティーチャーなどと呼ばれるリーダー的教員か,または校内の教員か,などを考える必要があります。

③ 目標到達度

授業が行われた結果,目標がどれほど達成されたかを,効果測定する必要があります。しかし,この点も日本では確立されていません。例えば,お隣の中国では「課程標準(日本における学習指導要領)」により,学年ごとの到達目標(1級〜9級)が示され,教員に対する評価は生徒達の何人がその目標をクリアできたかでも判断されます。国情が異なるので,一概に判断できませんが,今後,考えていかなければならないのかもしれません。

以上,①〜③(または①②)を総合的に判断して,評価していくことが大切です。授業評価は「駄目だし」するのではなく,あくまでも授業を改善し,子どもたちの学力を向上させることに主眼を置くことを忘れてはいけません。

(3) **英語特有の評価ポイント**

英語では,評価規準に,「適切に英語を用いて授業を進めているか」「4つの領域『聞く』『話す』『読む』『書く』のバランスが良いか」「タスク活動が適切か」「生徒の発話の回数が十分か」などを目標に合わせて適宜組み入れていくことで対応できるでしょう。まず,目標ありきです。

第2章 菅先生に聞こう！ 授業の悩みQ&A

2006年2月号

魅力的な先生に変身するには

Q 英語嫌いの生徒が大勢います。原因は私にありそうです。魅力的な教員に変身するにはどのような点に注意すべきでしょうか。(東京都，Aさん)

A

　先生の悲痛な叫びが聞こえてきそうです。

　国立教育政策研究所の平成15年度教育課程実施状況調査（中学校）における生徒質問紙調査（全国約5万人対象）によると，「英語の授業が嫌いだ」「どちらかといえば嫌いだ」と回答している生徒は，中学1年35.6％，2年45.1％，3年47.1％で，学年が上がるにつれて増加する傾向にあります。この原因には様々なものが考えられますが，その1つに，「先生が嫌い」だから「授業が嫌い」という生徒もいるはずです。そこで，教員として，英語担当として，どのような点に注意したら魅力的な教員になれるのかをお話ししたいと思います。題して「英語教員改造計画！」です。

(1) **身だしなみに注意する**

　今どきの生徒は身だしなみを特に気にします。先生が同じ服を2日続けて着てきたら，「家に帰ってない」「風呂に入っていない」と噂されます。フケが見えたら最悪です。「きしょ（大阪）」「きもい（東京）」と言われ，近づいてもきません。口臭も大きな要因です。煙草や酒の臭いがするだけで，前方の座席の生徒は授業に集中できません。先生は常に清潔感あふれる服装を心掛け，クロレッツやブレスケアを持ち歩くことが大切です。

(2) **顔の表情に注意する**

　授業中，「今，どのような顔で生徒に接しているか」を常に意識することです。先生の質問に答えられない生徒に対して，無意識に怖い顔になっていたり，「こんなのもわからないのか」というような表情になっていたりするものです。その表情を生徒は常に観察しています。生徒はこれだけでも「バカにされた」

と感じ，英語嫌いになる場合があります。そんな時こそ心の中で，「お〜っといけない。笑顔，笑顔」と自分に言い聞かせ，顔の表情を柔和にすることが大切です。

(3) **常に生徒をほめる**

言い古された言葉ですが，「ほめ上手は授業上手」と言われます。しかし，歯の浮くようなほめ言葉は厳禁です。さらりとほめる。ここです。しかし，状況によっては，テンションを上げて「よくできた！」と大声でほめることも時には必要でしょう。この塩梅は，先生に場を読める（状況把握できる）能力があるかどうかによります。

また，生徒が答えを間違ったときでも，怖い顔で「違う，次」などとは言わずに，笑顔で「おしい」「80％正解」などと，次につながる瞬時の評価をすることが，生徒のやる気につながります。

(4) **知的好奇心を刺激する**

ある優れた歴史の教員は，授業中，さも歴史の現場に居合わせたような口調で，「この時，中大兄皇子はここに隠れていて，蘇我入鹿を……」と大化の改新を説明します。生徒は無意識のうちに歴史の舞台に引きずり込まれます。英語も同様です。教科書の内容を単に説明するのではなく，書かれた状況に生徒をいかに引きずり込むかです。そのためには，内容に関するバックグラウンドを知識としてもち，生徒の好奇心をくすぐることです。

もし，受験に焦点を当てた授業の場合には，「この表現は，10年前の○○大学に出題されている」などと説明します。これだけでも，尊敬に値する先生になるでしょう。つまり情報を多く持てば持つほど生徒には魅力的に見えるものなのです。

(5) **成就感を体感させる**

授業中に生徒個々に必ず最低1回は「やればできる」という自己肯定感及び成就感を感じさせることです。そのための活動や流れを毎授業に組み入れます。そして，活動や音読において，生徒個々に自分のゴールを設定させ，到達すれば必ずほめることで，次のステップに進ませることができるのです。

第2章 菅先生に聞こう！ 授業の悩みQ&A

2006年3月号
書く力をつける授業にしよう

Q 本校の生徒は書くことが苦手です。普段の授業では，どのような点に注意しながら，書く能力を伸ばしたらよいのでしょうか。　　（京都，Nさん）

A ・・

　先生がお悩みの点は，同時に多くの先生方の悩みでもあります。

　現在，行われている中央教育審議会初等中等教育分科会教育課程部会でも，「教育課程実施状況調査では，書くことが良好ではない。特に内容的にまとまりのある一貫した文章を書く力が十分身に付いていない。文字や符号を識別し，正しく読み，書くことができることを確実に定着させることはもとより，文レベルではなく文章レベルの訓練が必要ではないかとの意見がある」との報告がなされています。多くの先生方にお聞きすると，決まって「時間数が減ったので，書く指導まで手が回らない」と答えます。果たしてそれでよいのでしょうか。そこで，今回は「書くこと」の中でも「自ら考えて書くこと」に絞った効果的な指導方法についてお話ししたいと思います。

(1)　**ペンを持つ習慣を身に付けさせる**

　生徒は板書を書き写す際には，あまり意識せずにペンを持ちます。しかし，自ら英文を考え，それを書くとなると，なかなかペンを持とうとしません。これは，何を書いてよいのか分からない，表現・構文・語彙等が分からない，などの原因によるものです。これを解消するためには，毎時間，ペンを持たせ，自分で考えた文を1文でもよいから書かせることです。これを継続して，まず書く習慣を身に付けさせることが大切です。

(2)　**これを書かせたい**

　もし，短時間で1文を書かせるのであれば，「授業で学んだこと」，「授業の感想」，「授業で学んだ表現・語彙を使った文」などから始めてもよいでしょう。

その後,「好きな歌や映画について2文で」などと徐々にハードルを上げていきます。ミスを恐れずに自由に書かせ,できれば毎回回収し,誤りを強調するより内容についての心温まるコメントをつけて返却します。このような些細なことが,生徒に「書きたい」という意識を芽生えさせます。私の悪友,田尻悟郎氏も,生徒が書いた文には必ずコメントを付けることを忘れません。

(3) **授業中に考えさせる場面を作る**

最近の子どもたちは,考えることを嫌う傾向にあります。例えば,「私の夢」をテーマに英文を書かせようにも,「夢も無ければ,考えるのも面倒だ」と答えます。そこで,普段から,授業の中で生徒自身が考える場面を多く設定する必要があります。教科書の絵を見て思ったこと,英文を読んで感じたことなど,常に考えを整理させることの積み重ねが,考えることを疎まずに書くことにつながるのです。教師側からの一方通行の授業では,書く意欲を引き出すことはできませんし,能力も伸ばすことはできません。

(4) **書きたいものを書かせる**

書かせるテーマは,できるだけ生徒の実態に合ったもの,生徒が書きたくなるものとします。「今,欲しい物（want）」「行きたい場所（関係副詞 where）」,「友だちに英語でメールを送る」等。

また,最近,ネット上ではブログ（日記）が流行です。媒体は異なりますが,生徒にノートを持たせ,英語で自由に日記を書かせます。それをクラスで発表させたり,または,先生との交換日記として利用します。確実に力を伸ばすことができますし,時には生徒の悩みを知ることとなります。

(5) **教室の外に発信する**

生徒が書いたものを積極的に教室の外の世界に発信させます。海外とのメール交換,ホームページへの書き込み,海外への手紙送付など,実体験を通して,書くことに意義を持たせることが重要です。ノートに幾度となく手紙を書く練習をしても,絵に描いた餅以外の何物でもないのはお分かりいただけると思います。

第2章 菅先生に聞こう！ 授業の悩みQ&A

2006年4月号

年度始めのしつけ

Q 3月まで授業が騒がしく思うようにいきませんでした。そこで，4月から何かを変えなければならないと思っています。うまくいくためのポイントを教えてください。　　　　　　　　　　　　　　　　（大阪，Mさん）

A

　4月はスタートの月。前年度のことはすべて忘れて，授業を一新したいものです。「一年の計は元旦にあり」とよく言いますが，学校の場合は「一年の計は4月にあり」，しかも，「4月の第1，2週にあり」と私は思っています。

　そこで今回は，躾についてお話しします。生徒を4月当初にどのように躾けるかでその1年が決まってしまうと言っても過言ではありません。では，生徒を躾けるためにはどのようなことが大切なのでしょうか。まず，具体的例を挙げてみます。

○授業時間の厳守：始業のベルと同時に授業を開始し，必ず終業のベルと同時に授業を終えます。これは，生徒にとって始業ベルの前に授業の準備をしておかなければならないかわりに，終業ベルと同時に授業が確実に終わるので，得をしたような感じがします。

○授業は英語で：授業は英語で行うものと思い込ませます。これを定着させるのは，中高入学当初が効果的です。英語の授業は「こんなもの」と始めから思い込ませるのです。もちろん，2，3年からでも遅くはありません。気づかれないように英語を増やしていくのも手です。

○指示への即座の反応：活動などを行う際に，先生の指示ひとつで，例えば"Make pairs!"で，生徒が条件反射的に即座に行動に移るように訓練します。では，躾けたい点をどのように定着させればよいのでしょうか。

⑴　教員間の意思統一を図る

　例えば，4月第1回目の授業で，先生1人が「始業のベルを守る」と生徒と約束をしたとしても，他の先生と足並みが揃わないと，「○○先生は授業に遅れても何も言わない」などと生徒は文句を言い，すぐにほころびが出て，せっかくの躾もなしくずしになってしまいます。そこで，英語教員が数人の小規模校では英語担当全員が，また，学年を数人で担当するような大規模校では少なくとも学年の教員全てが，意思統一を図ります。

⑵　所信表明を行う

　4月第1回目の授業では，生徒に今年度の授業のルールについて話をします。つまり，生徒との約束事を明確にします。しかし，これだけでは生徒には伝わりません。大切なことは，約束事を守ることで，1年後の自分たちの姿を夢見させ，希望を持たせることです。「3月には〜できるようになる」などと具体的なゴールを示すことで，生徒のやる気を引き出します。ここがアメと鞭の使いどころです。

⑶　前年度までのことは忘れさせる

　先生が急に厳しいことを言うと，生徒はすぐに「3月までは許されたのに」と言います。指導のゆるいところ，甘いところに付け入ろうとするのが生徒の常です。そこは毅然と「今年からは違う」と，先生が変わったことをアピールします。また，「3月まで自分が甘く，生徒に力をつけることができず，すまなかった」と，時には3月までの自分の授業をも否定することで，新しい先生像をイメージさせます。

⑷　決してあきらめない

　生徒を躾けられないからといって，すぐに軌道修正するのでは，また，騒がしくなったり，授業が成立しなくなったりします。一進一退であろうとも絶対にあきらめないことです。所信表明を反故にするのでは力の無さを露呈するだけです。生徒の目先を変えるような楽しい活動や話題を取り入れながらでも，躾の部分は絶対に引かない姿勢が結局は生徒からの信頼をも勝ち取ることになるのです。

第2章 菅先生に聞こう！ 授業の悩みQ&A

2006年5月号

新採教員の「三種の神器」とは

Q 本年，晴れて英語教員として採用されました。夢がある一方，授業に対して不安が募ります。そこで，ズバリ，英語の授業に欠かせない必携アイテムについて教えてください。　　　　　　　　　　　　　　（石川，Sさん）

A

　なるほど，そうきましたか。まずは採用おめでとうございます。東京，大阪などの都市部では，いわゆる団塊の世代の方々が退職期をむかえ，採用枠が広がっていますが，他の地域ではまだまだ狭き門に変わりはありません。

　さて，今回の質問を，慶應義塾大学・大津由紀雄氏流に言い換えて，英語授業の「三種の神器」（氏は，小学校英語の三種の神器を，「歌，ゲーム，英会話」と揶揄しています）としてお話しします。

(1) 生徒にとっての「三種の神器」

　　テキスト（教科書），辞書，ノート（ファイル）

　授業で，この三種の神器をいかに価値のあるものにするかは，先生方の指導力次第です。教科書に関して言えば，1ページ目から順にページを追い，同じパターン，同じ配当時間で指導するのでは，生徒の学力向上を図る上で問題がありそうです。かつて教科書編纂にたずさわった経験から言うと，教科書の内容には軽重があるものです。先生方に是非とも深く取り扱ってもらいたい内容，文法事項が本文に挿入しづらく英語表現が不自然なところなど。これらを見極めて，教科書の扱いに先生方なりの軽重をつけてこそ，教科書の特色が初めて生かされてくるのです。

　一方，辞書についてですが，最近，電子辞書を奨励する学校も見られます。高校2，3年ともなると，速読練習等では電子辞書は便利なものとなりますが，中学，高校1年段階では紙ベースの辞書を利用させたいものです。辞書を開い

たときに、無意識に多くの語句や文が目に入ります。その際、生徒は興味や関心のある語や例文に引き込まれ、辞書を「読み」始めます。私はslangに目が止まり、授業では決して教えてもらえない語彙を習得することができました。辞書のページには多くの宝物がちりばめられ、隠されていることを忘れてはいけません。

　最後にノート（ファイル）です。私はノートよりもファイルを重視しました。ハンドアウト等を綴るファイルを学年費等で購入して、生徒一人一人に配布し、ファイルの仕方を懇切丁寧に指導しました。いつでも必要なものが取り出せ、教師側の要求に即座に対応できるようなファイリング方法は、生徒の将来にも生かされることと思われます。

(2) **教師の「三種の神器」**

　　テキスト（教科書）、英英辞書、コンピュータ

　教科書に付随する指導書（指導マニュアル）や俗に「赤刷り」と呼ばれる本（教科書本文の傍に赤字で日本語訳や英語の注が書かれたもの）は決して神器には入りません。指導書や赤刷りはあくまでも参考とすべきもので、それに従って授業を組み立てても、成功するとは限りません。やはり主役は教科書本体なのです。

　また、辞書は英英辞典を必携にすることをお勧めします。自身の英語力向上と同時に、言い換え表現等の指導にも深みが出てきます。

　最後にコンピュータです。最近、とみにコンピュータを利用する授業を見かけます。パワーポイントで表現や語句を提示したり、今まで板書していた事柄を瞬時にスクリーンに映し出したりすることで、板書に費やしていた時間を他の活動に振り分けるなど、授業の効率を考えながら授業が展開されています。これは、少ない授業時間を有効に使う手立ての1つと考えられます。

(3) **授業成功のための「三種の人器」**

　　笑顔、褒め言葉、けじめ

　笑顔で生徒を褒め、けじめをもって、授業にあたりたいものです。それが最も大切な神器ならぬ人器なのかもしれません

第2章 菅先生に聞こう！ 授業の悩みQ&A

2006年6月号

授業のアイデア・ネタの話

Q 授業のアイディアや教材のネタは何をヒントにすればよいのでしょうか。また，アイディア実現のための秘策はありますか。　　　（埼玉，Tさん）

A

　通常，授業のアイディアやネタは教科書の指導書をヒントにする場合が多いでしょう。しかし，先月号にも記したように，その中にある指導法はごく標準的なものが多く，また，情報等も限られています。したがって，各学校のニーズにピッタリと適合するか疑問が残ります。適合させるためには先生方による改良が求められます。

　そこで今回，私が参考としているもので，ひょっとしたら先生方にも参考になるかもしれないと思われる情報をお伝えしたいと思います。

(1) **参考となる本の一覧**

　　GUINNESS WORLD RECORDS

　いわゆるギネスブック。毎年刊行されており，スポーツ，芸能，科学，バカバカしい記録等，様々なジャンルの記録が満載。小ネタのヒントも事欠きません。中でも私の一番のお気に入りは，Most extreme ironing World Championships。極限状況（山頂や水中）で衣類にアイロンをかけられるかどうかを競うものです。笑えます。

　　THE WORLD ALMANAC FOR KIDS

　様々な年鑑（almanac）が出版されていますが，その中の売れ筋です。CDヒットチャートや偉人伝（武勇伝）など多くのデータが満載で，情報の玉手箱の感があります。

　　TVスター年鑑

　いわゆる芸能人プロフィール集。これ1冊で芸能界に疎い先生でも，生徒の会話に入り込めます。

　以上，全て，書店，アマゾンで購入可能です。

(2) 毎日でも通いたいお店の一覧
　東急ハンズ，ロフト，100円ショップ，王様のアイディア，デパート等

　教材・教具の陳列棚とも言えるお店の数々。特にバラエティー雑貨などを目にすると，「明日これで生徒を驚かせよう」「これを使って活動を充実させよう」とアイディアが沸々と湧いてきます。

　ある日，東急ハンズで商品を眺めていると，近くでグッズを品定めする怪しい男一人。近づいて顔を覗くと，何と田尻悟郎。「考えること同じやなあ」と一言残して，彼は闇に消えていきました。

(3) アイディア実現のための秘策

① 一度決めたことは決してあきらめない。

　授業を考えながら，「あれもしたい」「こんなことができたらなあ」と頭の中でアイディアを思い浮かべます。同時にもう一人の自分が，「でも無理かも」「きっとうまくいかない」と思いとどまらせます。しかし，一度思ったことは，とにかくトライしてみることです。そこから授業改革が始まります。実行してみて，もし失敗すれば，次は改善に向けて努力をし始めます。そして生徒の反応にも敏感になっていきます。授業に関して，決してマニュアル人間になってはいけないのです。

② 周りへの配慮を忘れない。

　授業方法や形態を変えるときには，周りの先生方を巻き込む方が効果的です。一人でも多くの理解者を得ること。決して一人で突っ走ってはいけません。他の人にはただのスタンドプレーにしか映りません。時には管理職も巻き込んで，大きな流れにしてしまうことも成功の一歩です。

③ 飽くなき可能性を追求する。

　かつて，吉本興業の若手漫才師（2人）に，「英語漫才」の審査員を頼んだことがあります。会社を通して依頼すると，1人10万円のギャラを要求されました。そこで，本人たちにアタックし，1人1万円で来てもらいました。もちろん，吉本興業には内緒（今では時効ですが）。このようにアイディアを実現するための手段は1つではありません。あらゆる可能性を信じてトライしてみることです。すべては子どもたちのために。

第2章 菅先生に聞こう！ 授業の悩みQ&A

2006年7月号

6月, 7月を乗り切る授業

Q 授業がスタートして早2か月。生徒のやる気にも翳りが見え始めました。中だるみを解消し，生徒に再び達成感を持たせるにはどのように工夫をしたらよいのでしょうか。 （鹿児島，Sさん）

A

　教師として，最も真価が問われる時期です。季節も夏に向かい，暑さと梅雨のジメジメした不快感で授業に集中できない生徒も出てくる頃です。中間考査も終了し，生徒にとっては気が抜ける時期。同時に，教師にとっては，授業の大敵とも言える水泳の開始時期。私が教員になりたての頃，水泳後の授業で髪を乾かす女生徒に，「ドライヤーと授業のどちらが大切なんだ！」と凄んでみたまではよかったのですが，あっさりと「ドライヤー」と返されたときの惨めさ。今でも忘れません。授業のパワーアップを図るか，はたまた，夏休みまで授業を適当に流すか。この時期は，授業成功の分岐点と言っても過言ではありません。そこで，無理にパワーアップを図らずとも，うまく授業の流れを変えることで，生徒にやる気を起こさせ，達成感を感じさせる授業づくりのヒントをお伝えしたいと思います。題して，「水泳の授業に負けない授業づくり」。

(1) **教室環境を変える**

　普段，授業で使用している教室は，ひどく汚れていませんか？　紙くずやカバンなどが散乱していたり，壁が落書きなどで汚れたりしていませんか？　実はこのような汚れが季節の不快感と共に相乗的に生徒のやる気を削ぐようです。そこで，教室を整然としておくこと，風通しがよくなるよう机やロッカーを配置すること，時には，教室を離れ，冷房設備のある特別教室を借りるなど，教室環境を変えることで，授業の雰囲気を変えることができます。

(2) **授業開始時くどくど話さない**

　暑い中，教師が授業開始からたらたら話を始めたのでは，生徒は水泳の疲れと相まって聞く姿勢にはなりません。そこで，授業のつ̇か̇み̇として，生徒によるスピーチや音楽，映像等を用いて，水泳のモードから英語のモードへの転換を数分で図りたいものです。他力本願のようですが，大声で生徒を叱責したり，説明したりするよりも，はるかに効果的なように思われます。

(3) **活動等の時間は短めに**

　疲労感を感じている生徒が，集中できる時間は極端に短いものです。じっくりと音読や言語活動を行いたいところでも，それぞれの時間を短縮し，繰り返し指導を行うことで定着を図るようにします。音読練習を通常5分行うところを集中して3分で切り上げメリハリをつけると，生徒は元気を取り戻しやすくなります。これを授業の終わりに再び行い，次の時間にも短時間行うなど，細かく区切るサイクルを構築したいものです。

(4) **教科書を使わない**

　教科書のページを順次進むのでは，刺激も興味も湧きません。このような時には是非，教科書から離れて，夏に関連する読み物や音楽，映像で一時の清涼感を味わってみましょう。十数年前私は，「海水浴場で外国人に誘われたら」をテーマに，教室内にパラソルやビーチボールを持ち込んで，スキットの創作をさせたことがあります。この体験が，生徒たちにとって「非常に役立った」と夏休み後に感謝されました。そんなつもりではなかったのですが……トホホ。

(5) **発表や作品制作を頻繁に行う**

　興味や刺激を持続させるには，授業の成果を様々な形でアウトプットさせることです。スピーチ，レシテーション，スキットに限らず，英語で俳句や詩を作成させ，教室や廊下に貼ったり，ビデオを作成したりするなど，生徒独自で工夫させ，何かを生み出させることが，やる気につながるのです。試してみてはいかがでしょう。

第2章　菅先生に聞こう！　授業の悩みQ&A

2006年8月号

宿題は説得より納得

Q 宿題について悩んでいます。日々の宿題や夏休みの宿題をどのように与えたらよいか，お教えください。
（山形，Aさん）

A

　多くの調査から，最近の子ども達の家庭での学習時間が減少していることがわかってきました。まったく家庭で勉強をしない子どもさえ数多く存在します。これは，社会全体が子ども達を甘やかしているためだろうと思われます。叱らない親，宿題を課さない教員，刺激的な環境。これらが子ども達から学習する習慣を奪い取ったのです。

　私が小学校の頃，宿題を忘れると廊下に立たされたり，放課後居残りを命じられたりしました。しかし，これは今では昔の話です。生徒を廊下に立たせると体罰になり，居残りを命じると塾があるからと親に抗議されます。「じゃ，どうしろと言うんだ！」と多くの先生が怒りの声を上げます。

　それでは，生徒に無理なく宿題をさせるにはどのような点に気をつければよいのでしょうか。題して，「宿題は説得より納得」です。

　まず，基本的な話から始めましょう。

(1)　**宿題のある環境作り**

　親「宿題終わった？」

　子「宿題なんてないよ」

　このような会話が家庭でなされていては，学習習慣は身につきません。宿題は必ず出されるものと保護者に認識させることが大切です。そのために学校全体で方針を立てて，各教科で宿題を課す。そして，保護者や生徒に「宿題は学習習慣を身につけるため」と納得させるのです。

(2) 宿題で良好な関係を

　宿題を課した場合，生徒の宿題の完成度を必ず確認します。ただ，宿題に確認印を押すだけではなく，必ずコメントを記入します。これは，生徒に対して「宿題をしっかり確認しているぞ」というメッセージにもなります。すると生徒は，「きちんと見ているんだ」と納得するわけです。そこから，生徒との信頼関係も築かれていきます。

　では，実際にどのようなかたちで宿題を与えたらよいのでしょうか。

(3) 英語を苦手とする生徒に対して

　このような生徒には，あまりハードルの高いものは御法度です。生徒自身が自学自習できるのであれば効果も期待できますが，英語がわからないのに，一人で学習するなど苦痛以外の何ものでもありません。ここは無理をせず，単語調べや本文写しなどの作業に留めることです。効果を期待するのではなく，学習の習慣づけとして位置づけます。また，夏休みには，生徒の興味に合わせて，「好きな英語の歌詞を書き写し，歌えるようにする」「映画の中で，聞き取れた英語を拾ってみる」「英語で自由に日記を書いてみる」など学校の勉強から離れて，「英語は楽しいかもしれない？」と自分自身で思わせる機会を作ります。

(4) 英語を苦手としない生徒に対して

　このような生徒には，「考えること」と「使うこと」を宿題として課します。例えば，「筆者の言いたいことは何か」「この英文の意味するところは何か」「授業で学んだ表現を使って，英文を創作する」など，普段の授業ではできない「考える行為」と「学んだ表現を実際に作文等で使ってみる」ことをじっくり自宅で行わせるのです。今の子どもは考えることを苦手としています。教師から一方的に与えられる知識。それを使うこともなく，蓄積するのみ。これを考えたり，使ってみる宿題で消化させるのです。

　また，夏休みには，少なくとも英語の本を1冊読ませてはどうでしょうか。どのような種類でも構いません。教師側が数種類のタイトルを示し，生徒の興味関心により選択させ，読破させるのです。1冊読めたという達成感と興味あることを知り得たという満足感が秋の勉強に効果をもたらすことになるのです。

第2章 菅先生に聞こう！ 授業の悩みQ&A

2006年10月号

英語の歌，マンネリ化防止策

Q 授業の導入に英語の歌を取り入れています。当初はよかったのですが，徐々にマンネリ化し生徒が集中しません。どうすればよいのでしょうか，お教えください。　　　　　　　　　　　　　　　　（北海道，Nさん）

A

　かつて，玉置宏はテレビ番組『ロッテ歌のアルバム』で「歌は世につれ，世は歌につれ」と言いました。歌を使用するにも時代と生徒の状況を考慮しながら導入する必要があります。

(1) 選曲に細心（最新）の注意を

　先生方の中には定番であるビートルズやカーペンターズから離れられない方も多いようです。もちろん，名曲を指導する意義も分かります。しかし，「カーペンターズって大工さん？」という生徒がいる時代に，できれば，生徒の生活に密着した曲を利用することが，生徒の興味付けにもつながると思います。CMで流れている曲，巷で耳にする曲，ヒットチャート上位曲，教科書の単元に関する曲など，先生方の音楽に関する情報アンテナも高く張って選曲する必要があります。

　最近のCDショップを覗くと，J-POPの人気は他のジャンルを凌駕しています。このジャンルのEnglish Versionを利用しない手はありません。私がここ数年，飛び込み授業で使用している曲に，DREAMS COME TRUEの"Love Love Love" "Winter Song"，平井堅の"Grandfather's Clock"，山下達郎の定番"Christmas Eve"などがあります。生徒の反応には目を見張るものがあり，時には，このような曲を授業のスパイスとして利用することもお勧めします。

(2) テーマの設定

　授業の導入時にただ漫然と曲を流しても効果は期待できません。単に雰囲気

作りに止まります。必ず，全ての曲に先生方なりのテーマを持って取り組むべきです。例えば，「この1か月は愛の曲を（愛の表現を知ってくれたらな〜）」「この1か月は人生についての曲を（人生をどう表現するか知ってくれたらな〜）」「1学期は黒人のアーティスト特集で（歴史的変遷を知ってくれたらな〜）」，時には「完了形を含む歌詞特集で（完了形を分かってくれたらな〜）」などと，先生方の気持ちを込めるのです。こんな些細な仕掛けが，曲や英語に対する生徒の考え方に変化をもたらすのです。

(3) **どのように使用するか**
① 聞き取らせたい場合
　ディクテーションとして曲を活用する場合には以下の点に注意したいものです。
・（　　）などの空欄に入る単語や文は，綴りの定着度が高いものを選ぶ。
・歌詞の終わりの行に，必ず空欄を設ける。これは，曲を最後まで聴かせる隠し技。
・歌詞に発音されない単語（関係代名詞の目的格や接続詞）を忍ばせておく。聞き終わった後で「発音されていない単語が一つあるけど，わかった？」などと言って，真剣に聞いていたかを確認する。または，曲を聞く前に「発音されていない単語が1語ある。探してごらん」と言うと，綴りの苦手な生徒も聞こうとする。
・空欄に入る単語や文をクラスで確認した後，再度曲を聴かせる。これにより，聞き取れなかった単語の綴りと音とが結びつき，音が聞き取れたように感じ，自信につながる。

② 歌わせたい場合
　授業で歌わせている場合には，学期末や学年末にカラオケ大会を開催したいものです。せっかく歌えるようになった曲を，みんなで披露し合わない手はありません。ソロ，グループに分かれて，既習曲の中から好きな曲を選び歌います。その際，「英語の歌をカラオケで歌えると，社会に出ても一目置かれる」などと生徒をその気にさせることも忘れてはいけません。マンネリはちょっとした工夫で解消できるのです。

第2章 菅先生に聞こう！ **授業の悩みQ&A**

2007年1月号

「授業以前の生徒」への指導法

Q 昨年7月号本欄「やる気を引き出す」は大変参考になりました。しかし，クラスには「授業以前」の生徒もおり，どのように対処したらよいか悩んでいます。お教えください。　　　　　　　　　　　（千葉，Wさん）

A

　クラスには，全く授業に目を向けない生徒が何人かいるものです。これは生活習慣の乱れが要因とも考えられます。そこで今回，基本的な生活習慣と英語学習の関係の例を示し，改善策を考えたいと思います。

　右ページの図は平成17年に国立教育政策研究所が発表した「平成15年度教育課程実施状況調査（中学生約5万人）」から，中学2年生の質問紙調査とペーパーテスト（英語）の成績との関係を示したものです。

　2つの図から，基本的生活習慣が身に付いていない生徒は，得点も低いことがわかります。では，このような生徒に，どのように対応したらよいのでしょうか。

(1) **時間を守る習慣を身に付けさせる**

　生活習慣が身に付いていない生徒は，地域，家庭，友人関係に問題がある場合があります。しかし，地域や家庭の協力が得られない場合には，まず，学校や授業で時間を守る習慣から身に付けさせたいものです。授業は開始のチャイムで始まり，終了のチャイムで終わるなど，けじめあるものにします。また，授業内の活動にも時間制限を設けるなど，メリハリのあるものにします。

(2) **授業で居場所作りや存在アピールをさせる**

　このような生徒は，授業中，存在感があまり無く，黙って座っているだけということが往々にしてあります。その反動が時に授業妨害へと進むのです。そこで，授業では常に声をかけ，発表の場を設けるなど，「先生はいつでも見ているよ」というメッセージを強く伝えることです。このような生徒には寂しがり屋も多く，常に言葉をかけることで授業に向かわせることができます。

第2章　菅先生に聞こう！　授業の悩み Q&A

(3) チェックリストに記入させる

　学年で内容も異なりますが，自己評価表を兼ねた授業チェックリストの作成をお勧めします。持ち物，宿題，授業の理解度等を授業の終わりに記入させ，授業についての振り返りをさせるのです。これが，生徒の気づきに結びつくことがあります。

(4) 少人数・習熟度別クラスで甘やかさない

　成績が良くない生徒を，単純に習熟度別クラスの基礎コース（成績の低い生徒対象）などに振り分けるのは問題があります。これは，生徒の甘えを誘発するだけで，努力しようとする芽をつぶすことにもなりかねません。実力があるのに，単にさぼっているために，成績が伸びない生徒に対しては，厳しい対処が必要です。

　ほんの数例を提示したに過ぎませんが，英語教員はコミュニケーション能力の向上をめざした授業を行っているわけですから，普段からこのような生徒とコミュニケーションを図ることこそが一番の方法だと思います。

図Ⅰ：質問「学校に行く前に朝食をとりますか。」への答えと得点

答え	標準化した得点
必ずとる	512.8
たいていとる	476.8
とらないことが多い	455.2
全く，または，ほとんどとらない	449.7

図Ⅱ：質問「学校に持っていくものを前日か，その日の朝に確認しますか。」への答えと得点

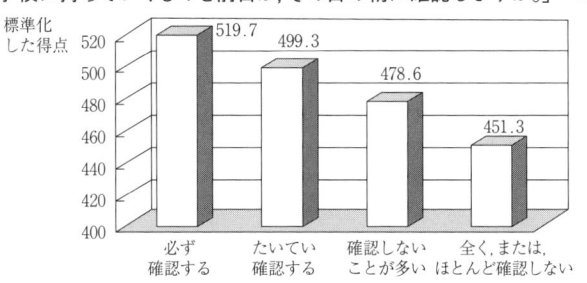

答え	標準化した得点
必ず確認する	519.7
たいてい確認する	499.3
確認しないことが多い	478.6
全く，または，ほとんど確認しない	451.3

第2章 菅先生に聞こう！ 授業の悩みQ&A

● 2007年2月号

授業力向上のヒント

Q 漠然とした質問ですが，授業力をつけるにはどのようにしたらよいのでしょうか。お教えください。　　　　　　　　　　　　　　　（沖縄，Tさん）

A ……………………………………………………………………………………

　今，教育界では，教育力，人間力，指導力，言語力など，何でも「力」を付ければ資質や能力を表せるかのごとき流行に毒されています。まるで，どれもこれも力こぶだらけです。しかも，これらの定義は曖昧で，中味については，人それぞれで受け止め方が異なります。

　では，授業力とは何を表しているのでしょうか。私としては，①生徒に適した最良の授業運営（授業経営），②到達目標をめざした充実した内容の指導，そして，③教師としての魅力，の3点を挙げたいと思います。「③は関係ないだろう」との声があるかもしれませんが，生徒にとって，魅力ある先生の授業は，少々難があったとしても，ついつい引き込まれてしまうものです。

　ところで，授業が素晴らしいと評価の高い，田尻悟郎（東出雲中学校），中嶋洋一（出町中学校），久保野雅史（筑波大学付属駒場中高等学校）の三氏をご存じでしょうか。彼らは既に上記の3点を身に付けています。しかし，彼らが長い間評価され続けるのは，不断の努力と勉強があればこそ，です（彼らの裏話はまたの機会にしましょう）。では，努力するためのポイントはどのようなものなのでしょうか。いくつか挙げたいと思います。

(1) **授業の定点観察**

　まず，授業をビデオで撮り，自分の授業を冷静に観察します。詳しく観察するためには，カメラを教室の後方と教壇の横に設置し，定点撮影をします。自身の動き，目線，板書，説明等が分かり，①の改善点が見えてくるはずです。

時にはそのビデオを様々な研究会や学会に提出して，多くの先生方から意見を求めます。

(2) **様々な授業体験**

校内，校外を問わず授業公開が行われています。この機会に，多くの授業に参加し（教室の後方で，ただ見学するのではなく），生徒の空き机などを利用して，一人の生徒として授業を体験します。また，積極的に実技教科（体育，芸術等）に参加し，生徒の動かし方や評価方法について学びます。時には，他の英語教員の授業に乱入し，TT（例えば，ALT 役に徹する等）を体験してみることも，①を向上させるにはよいと思います。

(3) **情報の引き出しの構築**

②のように，指導の内容を充実するためには，まず，教科書の教師用指導書（マニュアル）をうまく活用することです。教科書の内容が簡単だからといって，「知っているつもり」になっている場合があります。指導書には様々な情報がちりばめられており，それを知識として持つことは授業にも役立ちます。「所詮指導書，されど指導書」と考えるべきでしょう。

また，様々な情報を得るために，教育書以外の書籍を読み，新聞やインターネットで時代の流れを感じ，時には教育以外の職種の人たちと交流し，人間の幅を広げたいものです。そのことが指導の内容にも現れてきます。

(4) **笑顔と話し方**

③の魅力に直結するものは笑顔と話し方だと思います。マクドナルドの店内の料金表にも smile：0円とあります。生徒を和ませるために，鏡を見ながら笑顔の作り方を学びたいものです。

また，生徒を引きつける話し方も研究するべきでしょう。①と②が備わっていても，「何を言いたいのか分からない」「よく聞き取れない」などと生徒が感じ取れば，授業に集中しません。そこで，話し上手の先生の授業を見学したり，話し方教室に通ったりするのも手かもしれません。話し上手は授業上手とも言えるのです。

第2章 菅先生に聞こう！ 授業の悩みQ&A

2007年3月号

入試に直結する授業は可能か

Q 中学3年を担当しています。公立高校の入試が直前に迫っています。1〜2週間の授業で，入試に直結する内容を指導しようと思います。何をどうしたらよいのでしょうか。　　　　　　　　　（静岡，Iさん）

A

　これは，難問です。
　先日，センター試験がありました。少々，傾向が変わったようですが，普段から学習している生徒にとっては特段，驚くべき内容でもありません。
　同じことが，高校入試にも言えます。先生方が普段から適切な指導をしていれば，恐れる必要はありません。とは言っても，「クラス全員に合格してもらいたい」気持ちはよく分かります。そこで今回は，指導が全て終了した段階で，「余力があれば」という前提でお話をします。

(1) 自信を持たせる

　入試が近づくと，生徒は不安に駆られるものです。そこで，「今までよく頑張ったね，この調子なら大丈夫だよ」などと，前向きな言葉をかけながら，自信を持たせるのです。間違っても，教員が焦っている姿を生徒に見せてはいけません。入試直前に，教員は生徒にとっての「癒し」となるべきなのです。

(2) 過去の入試問題を解かせる

　多くの先生方が，通常，市販の「○○県高等学校入試問題（過去5年間）」などの冊子を利用されていますが，私は少し異なったことを考えます。まず，都道府県の教育委員会にお願いして，実際に使った入試問題そのものを手に入れます。次に，それと同じ大きさで入試問題のコピーを生徒数分，作ります。そして，それを解かせます。「同じことじゃないか」と思われるかもしれませんが，例えば，問題集ではB5判のものが，実際の入試ではA4判であったり，また，様々な注意事項が書かれている表紙など，実物を事前に目にしておくこ

とで，実際の入試では，落ち着いて問題に取り組むことができます。中味だけではなく，スタイルに慣れさせておくことも大切なことなのです。

(3) **リスニング問題の声に慣れさせる**

　リスニングの問題についても同じことが言えます。市販のリスニング用CDは，各出版社が都道府県の教育委員会からスクリプトの提供を受け，それぞれ独自に作成しています。したがって，声を吹き込んでいるネイティブ・スピーカーは入試の声とは異なります。そこで，これも教育委員会にお願いして，入試で使用した実際の音声テープやCDを入手し，生徒に聞かせてみます。声の質や実際のスピードに慣れることで，本番では落ち着いて聞けるようになると思われます。

(4) **語彙の確認をさせる**

　以下は，中学校英語教科書（6社）の編集趣意書からの使用語彙数の一覧です。

　高校入試は，既習範囲から出題されるのが鉄則です。したがって，教科書で学習していない語彙を使用するのは厳禁です。そこで，例えば，〇県ではA社の教科書のみが使用されているとすれば，入試問題には総語彙数914全てが使われる可能性があります。しかし，△県では，A，B，C，Dの4種類の教科書が使われているとすれば，その4社の教科書に共通の語彙のみが使用されます。当然，語彙数は914より少なくなるはずです。それらを，みっちり復習することも考えられます。

　ただし，当初より，これらを重点的に行うことは，本末転倒であることを忘れてはいけません。

	A	B	C	D	E	F
1年語彙数	413	432	446	395	404	396
2年語彙数	306	319	320	304	288	306
3年語彙数	195	196	259	229	230	226
総語彙数	914	947	1025	928	922	928

A: *Sunshine*　B: *New Horizon*　C: *New Crown*　D: *One World*
E: *Columbus*　F: *Total*（平成18年度版）

第2章 菅先生に聞こう！ 授業の悩みQ&A

> 2007年4月号

「困難校」と呼ばないことから始めよう

Q 今年，いわゆる困難校に転勤になりました。生徒達にやる気になってもらうにはどうしたらよいでしょうか。また，年間計画に何かイベントを盛り込んだ方がいいでしょうか。そして，授業ではどんな目標をたてることが可能でしょうか。　　　　　　　　　　　　　　　　　　　　　　〈高校〉

A

　3月末，校長室に呼ばれ，「次の勤務校は○○高校です。引き続き頑張ってください」と言われる。目の前が真っ暗になる。「え？　あの荒れた○○高校？　あ～，お先真っ暗。一生懸命働いてきたのに評価されない。校長はなんて人事をするんだ！」怒りの矛先は校長へと向かう。「○○高校の生徒は勉強嫌いだし，生活指導も大変，授業は年中 be 動詞。いっそ私学にでも移ろうか？」と自問する。挙げ句の果てに，「まあ，数年我慢すれば，楽な学校に移れるだろう。その間は，あまり無理せずに過ごそう」などと考える始末。

　実は，このような教師に指導される生徒が最も不幸であり，一方，教師自身も，辛く，苦しい思いをするのが目に見えている。

授業以前に

　生徒は，生活が荒れていようと，勉強が苦手であろうと，人間を見る確かな目は持っている。目の前にいる先生は味方なのか敵なのか。「英語ができない」と端から馬鹿にした態度で授業をする先生なのか，それとも，少しでも英語を理解させようと親身になって教えてくれる先生なのか。勉強がよくできる生徒でも，勉強に全く向かない生徒でも，プライドは同じように持ち合わせている。このプライドを傷つけないよう，良好な人間関係を築くことが，授業を成功させる礎なのである。

(1) 勤務校を困難校，底辺校と呼んではいけない
　公立の場合，転勤があるので，学校一校で終わることはない。しかし，生徒にとっては唯一の高校である。教師がそのような蔑称で呼ぶことは，生徒にとって失礼なことであり，生徒の母校愛も醸成することができない。
(2) 常に生徒とコミュニケーションを図る
　生徒個々の性格や考え方，興味・関心を知り，授業に生かすことができる。関心事を授業の教材として取り入れたり，生徒の性格を利用し，授業を活性化させるなど様々な工夫が可能となる。
(3) オーラを発する
　勉強が苦手で，生活習慣も身に付いていない生徒は，「先生について来い！英語を好きにさせてあげる！」などと，親分肌の雰囲気を醸しだす先生には魅力を感じることがよくある。生徒には寂しがり屋が多く，元気で頼もしい先生に憧れるものである。生徒に「あの先生について行けば間違いない」と感じさせることが大切である。

授業直前
　このような生徒にとって，英語のイメージはあまりよくない。嫌悪感さえ示す生徒もいる。これは英語が分からないから嫌いになったケースと，中学の英語教師と馬が合わなかったから嫌いになったケースとがある。どちらにせよ，根は深い。では，どのように勉強に向かわせればよいのであろうか。
(1) 中学校と高校の英語は別もの
　高校入学後，中学校での英語のイメージを払拭させるためには，精神的に中学校の英語と決別させることが必要である。つまり，「中学校の英語はみんなに合わなかっただけ。これからは，みんなに合った英語を一緒に学ぼう」式の話をして，英語に対する考え方を変えさせるのである。
(2)「できる」喜びを味わわせる
　勉強が苦手な生徒は，分からないことは，すぐに投げ出してしまうことが多い。忍耐力に欠ける。そこで，ほんの些細なことでも，「できた」という感動を与え，それを積み重ねることである。そして，褒めることである。例えば，

My name is 〜．I like 〜．の自己紹介だけでも，褒め，生徒に成就感を味わわせることができる。声が大きい，目線がすばらしい等々。「先生に褒められた」喜びは，やる気につながる。高校生といっても，精神的にはまだまだ幼いのである。ただし，歯の浮くようなおべんちゃらと見透かされてはいけない。本当の褒め上手は授業上手なのである。

活動からイベントへ

　上記に示したように，やる気を引き出すためには，生徒の成就感「やればできる」という感覚を，体験を通して身に付けさせることが一番である。そのために，教科書を使用した授業においても，普段から活動を組み込むとともに，学期ごと，または，定期考査に合わせて，イベント的な発表会を組み込むことが刺激になる。では，どのような発表・イベントが考えられるのであろうか。
　例えば，教科書の音読から始まり，スピーチ，レシテーション，スキットはもとより，生徒の状況に合わせて，カラオケ，劇，英語でスポーツ等々，可能なことは何でもトライしたい。しかし，これらを成功させるためには，秘訣がある。

(1) **連鎖反応の明と暗**
　発表・イベントを行う際に，最も注意を払いたいものが，指名の順番である。トップバッターの生徒が，練習もせず，やる気のない態度で発表した場合には，連鎖反応がおき，次の生徒も，「あの程度でいい」と思い込み，手を抜く場合が多い。これはクラスの雰囲気を台無しにするばかりか，以後の活動にも影響する。是非，慎重に順番を決めるべきであろう。トップバッターは，中の上程度の学力で，しかも努力家を指名すると流れがよくなる。つまり，トップバッターが生徒の心の指標になるのである。また，学力の高い生徒を指名すると，「あいつだからできる」と，他の生徒が引いてしまうおそれがあるので気を付けたい。

(2) **1授業時間内に終わらせる**
　クラス内で発表・イベントを行う場合には，必ず，1授業時間内に終了させることである。2時間に渡る場合には，生徒に不公平感が湧き上がり，「今日

は練習していないから，2時間目にまわして」などと訴えてくる生徒も現れ，収拾がつかなくなる場合もある。

(3) 学年行事に仕立て上げる

スキットや劇などは，クラス内の発表会に止めず，クラスの代表（優秀または面白いグループ）を集め，学年全体の発表会に仕立て上げたい。その際，他教科の先生方も取り込み，英語は注目されている教科である，という雰囲気を作れれば，生徒の姿勢も変化してくる。

授業の目標

授業目標においては，可能な範囲内で関心・意欲・態度面に関する目標を設定したい。それが第一歩である。あまり，表現面や理解面に関する目標を高く掲げると生徒の負担が増すことになる。また，関心・意欲・態度とは，評価において，コミュニケーションに対するそれであり，授業で，コミュニケーション活動等がなされなければ，評価できない。評価は目標あってのことである。そして，目標は常に生徒の状況に合わせて考えるべきである。そこで，以下のような目標（生徒側から見て）も考えられる。
○楽しく他の生徒とコミュニケーションを図る。
○教師の意向を汲み，積極的に活動に参加する。
○自分の可能性の限界に挑戦してみる。
○学習した表現を使ってみようとする。
○臨機応変な反応ができるようにする。
○クラスの生徒にうける発表をする。
○面白い内容には，心から笑う。

＊

どの生徒も，学習する権利はある。英語が苦手だからと見捨てられた生徒の気持ちを少しでも教師が理解できたとき，生徒の可能性の扉が開かれる。一歩一歩，焦らず，高校からスタートしても遅くはない。英語教育は人間教育の1ページにすぎない。英語の授業を通して，中学校の時に荒れていた生徒が，目に見えて落ち着き，楽しんで取り組んでいる姿を見るのは，教師冥利に尽きる。

第2章 菅先生に聞こう！ 授業の悩みQ&A

2007年6月号

読解力向上のために

Q 普段の授業で，教科書を使って読解力を向上させるには，どのような点に気を付けて指導すればよいのでしょうか。　　　　　（秋田，Iさん）

A

　読解力について，これほど注目され出したのは，2003年に実施されたOECDの生徒の学習到達度調査（PISA）で，「読解力」（世界第14位）の低下が明らかになってからです。日本語による「読解力」が低下している現状では，英語においても「読解力」が低下しているのは当然です。国としては，「テキストの解釈，熟考・評価に課題がある」「自由記述（論述）の設問に課題がある」とし，改善の方向として，「テキストを理解・評価しながら読む力を高めること」「テキストに基づいて自分の考えを書く力を高めること」「様々な文章や資料を読む機会や，自分の意見を述べたり書いたりする機会を充実すること」を挙げています。これらは，国語教育だけではなく，言語教育の一翼を担っている英語教育にも言えることです。

　次期学習指導要領の改訂においては，基本的な考え方である「言葉と体験」を重視しながら，各教科を横断して，読解力を含む言語力の向上をめざすとされています。

　英語の教科書の本文は，1レッスンせいぜい4ページから8ページです。この限られた分量で，読解力を伸ばす指導法を考えるのは困難かもしれません。しかし，方策は何点か考えられます。

(1) **オーラル・イントロダクションの重視**

　最近の教科書には，本文への導入として，状況説明や要旨が書かれたリード文を載せたものもあります。これは，生徒がイメージを持って，本文を読み進めるようにとの配慮からです。もし，リード文も教師による説明もなく，イメ

ージの無いまま本文を読んだ場合，生徒は日本語に訳すことのみに力を注ぎがちです。これは，日本語に訳す力（表層的な技能）を伸ばすことにはなりますが，読解力にはなかなか結びつきません。そこで，授業の初めに，本文の内容を言葉や絵などで示し，イメージを持たせます。これにより，分からない語彙や表現を想像しながら読み進めたり，どのようなことが書かれているかなどについて考えさせたりすることができるはずです。読解力には想像する力や，考える力が不可欠なのです。

(2) **音読練習は，導入時と終了時に**

　多くの先生方から，「音読練習はどこで入れればよいのでしょうか」と尋ねられることがあります。これは，導入時か，内容を理解した後か，という質問ですが，それぞれ目的が異なりますので，できれば両方で取り入れた方が良いと考えています。導入時は，自己流の間違った発音で読み進めるのを防ぐため（特に発音に注意させる指導）であり，内容を理解した後は，できるだけ，自然なスピードで読みながら，同時に内容を押さえていく練習（さらに，イントネーションや感情を込めて読む指導につなげる）と考えるべきでしょう。

(3) **考えさせる指導を**

　小学校の国語の授業を考えてみましょう。先生が子ども達に，「これは，どういうこと」「何を言いたいのかな」などと問いかけています。これが，子ども達の考える力を伸ばしているのだと思います。いわゆる探求型の教育が英語教育にも求められ，それが読解力にも結びつくのです。

　例えば，本文に"I miss you."の文があったとします。これを，単に「あなたがいなくて寂しい」と訳して終わるのではなく，「どうして寂しいのか」「どのくらい寂しいのか」などを考えさせ，その気持ちを踏まえながら「感情を込めて読んでみる」など，少しでも生徒達自身が考える状況を作ることです。

　また，授業の終わりには，本文について，短時間で感想（英文）を書かせたり，内容の続きを想像させたりするなど，考える指導を意図的に組み込むことが大切です。

第2章 菅先生に聞こう！ 授業の悩みQ&A

● 2007年7月号

リスニング力向上のために

Q 限られた授業時間の中で，リスニング能力を向上させるためには，どのような教材や工夫が必要でしょうか。　　　　　　　　（宮崎，Hさん）

A ……………………………………………………………………

　世間一般には，「シャワーのように英語を聞かせるとよい」と言われます。しかし，目的を持たない生徒に興味の湧かない内容を英語でいくらシャワーのように浴びせても，湯あたりするだけです。中には無意識に耳を閉ざしてしまう生徒さえ現れます。そこで，抵抗なく自然に英語を聞き入れさせるための教材や指導についてお話しします。

　その前に，私の封印された恥ずべき過去についてお話しします。それは2002年6月14日㈮のこと。当時，私は大阪府教育センターに勤務していました。その日は，初任者研修（高校英語）が午後2時から予定され，対象者は15名。また，この日は，サッカーワールドカップ予選「日本 vs. チュニジア」も同時刻に予定されており，会場は運悪く？　センターから数分の長居競技場。朝から，センターには「サッカー視聴禁止令」が出されていましたが，研修が始まるや，大きな歓声が競技場から聞こえ，私はすでに興奮状態。先生方に「他言しないように」と威厳をもって語り，テレビを見始めました。すると日本が得点を入れ，研修室は狂喜乱舞。私は他の指導主事に携帯で，「日本，得点！」と叫んだものの，指導主事の隣には部長が……。案の定，研修後，部長に呼ばれ，「サッカーは禁止では？」と問われ，「はい。英語の研修ですので，これほどの教材はないと思い，英語放送で見ていました。先生方も教材作成のヒントを得たようです」と答えると，部長は呆れ顔で立ち去りました。ということで，

⑴ **興味を引きそうな内容（教材）を聞かせる**

　授業中に短時間でもよいので，教科書から離れ，継続的に帯で聞かせること

が大切です。これは聞く習慣づけを目的とします。具体的には，
① テレビ番組の利用
・スポーツ番組（音声だけでも可）
　サッカーや大リーグ，時には大相撲の英語による衛星放送を録画して視聴させ，生徒とインタラクションやQ＆Aを行います。
・CM
　世界各地で放送されている英語版CMは生徒にとっても興味深いものです。音声だけで商品は何か，値段はいくらかなどを聞き取らせても効果があります。ALTなどに頼むと入手できます。
② 映画の利用
　文法事項やターゲットセンテンスなどの定着を図るために，スクリプトを確認しながら，それらの表現を含んだ箇所を視聴させ，表現の使い方や使用場面などを理解させます。
③ 身近な英語放送の利用
　近隣のデパートや駅，電車，公共施設などでの英語放送を録音（テープを貸す所もあり）し，生徒に聞き取りをさせ，どこで流れる放送か，何と言っているかなどを確認し，生徒と交流します。

(2) teacher talk を大切に
　学習開始当初（第1学年から，もしくは第2学年以降でも4月から）から英語の授業は基本的に英語で行うものと生徒に思いこませます。そして，教員は，英語の使用を心がけるために，適宜，学年や学校の英語教員間で共通理解を図り，授業における英語使用の割合やポイントをルール化します。生徒の反応を見ながら，英語で話すスピードを遅くしたり，簡単な語彙で多くの話題を話したりするなどの言語的調整を図りながら，生徒が英語を聞く習慣づけを行います。そして，徐々に語彙を増やしたり，話すスピードを速くしたりして，聞く力の向上を図ります。
　また，授業開始時のつかみや笑いのツボを英語でのスモール・トークに含め，生徒の笑いを誘うように内容を工夫することで，生徒の聞く姿勢も変化します。

第2章 菅先生に聞こう！ 授業の悩みQ&A

2007年8月号

高校生にアルファベットから指導する

Q 単語練習を何度しても正確に綴れない生徒がいます。　　（山梨，Bさん）
高校生になっても，ｂとｄ，ｐとｑの区別のつかない生徒がいます。どのように指導すればよいのでしょうか。　　（徳島，Kさん）

A

　2通の同様な質問をいただきました。私の経験からも，数十回練習しても，正確に綴れない生徒はたくさんいます。先輩教員の中には，「練習が足りない。気合いを入れてもう30回！」などと，根性を鍛え直すような指導をしていた人もいます。しかし，時代も変わり，最近の研究から，このような生徒は，LD（Learning Disabilities：学習障害）の1つ，ディスレクシア（Dyslexia：発達性読み書き障害）ではないかと考えることも必要になってきています。この名称はあまり聞き慣れないかもしれませんが，中枢神経系の何らかの機能障害により，文字記号とその記号の発音とのマッチングが困難な音韻性の障害と，文字記号が見分けられない視覚性の障害とに大別されます。英語圏においては，これらがLDの大部分を占めていると言われています。筑波大学大学院教授の宇野彰氏によると，ディスレクシアの出現率は英語圏9～10％，ドイツ語圏約5％，アラビア語圏・イタリア語圏約1％，日本語：ひらがな（音読約1％，書字約2％），カタカナ（音読約2～3％，書字約5％），漢字（音読約5％，書字約7～9％）となっています。英語は，音素が複雑で，不規則な表記も多いことから，英語圏でディスレクシアが最も多いとされています。英語を母語とする英語圏でさえ約1割の子ども達が，読み書きに困難を生じているとすれば，外国語として英語を学ぶ日本の子ども達にとって，この割合が，それ以下とは考えにくいのではないでしょうか。科学技術政策研究所の石井加代子氏は，

著書の中で「英語教育に関与する人々が早急にディスレクシアの問題を把握し，英語圏の状況を参照し，支援体制を整備する事は必須である」と述べています。私は，この問題を知れば知るほど，日本における英語教育の難しさを感じずにはいられません。ディスレクシアとわからず，英語ができないことに悩み，傷つく生徒を一人でも無くすために，我々英語教員は今後ますます，この問題にも取り組んでいかなければならないでしょう。

　では，次に一般的なお話をします。英語を特に苦手とする生徒を見ていますと，英単語を練習する際に，ただ黙々と書いて記憶しようとしている場合が多いようです。しかし，これでは効果が期待できません。そこで，以下はいかがでしょう。

⑴　**音と綴りを結びつけた練習**

　先に記したように，英語には不規則な音があり，しかも，普段聞き慣れないものを書き表すのですから，ハードルは当然高くなります。そこで，必ず発音しながら書かせる習慣付けをしたり（ただし，授業において，正しい発音の指導をすることが必須），CDなどの音声にしたがって書かせたりするなど，音を頼りに文字を認識させます。

⑵　**イメージを持たせた練習**

　単語の意味も分からず，イメージも持たずに練習するのでは，当然定着は図れません。日本語の意味を口頭で言ったり書いたりしながら，英単語を書いて練習する生徒もいますが，「chaos『混沌』，chaos『混沌』，ところで混沌って何だ？」では，意味がありません。まあ，chaosを「チャオス」と読まないだけましか，などと言わずに，抽象的な意味であれば，授業で意味や成り立ちを伝えたり，また，生活に関わる語であれば，イメージを持たせるために，picture dictionaryなどを利用しながら，絵でイメージを持たせて練習させたりすることも効果が期待できます。

　いずれにせよ，習得は一朝一夕にはできないことを肝に銘じ，じっくり取り組むことが大切です。

第2章 菅先生に聞こう！ 授業の悩みQ&A

2007年9月号

「こんな教員になってはいけない」

Q 良い授業者として，英語教員はどうあるべきなのでしょうか。分かりやすい指標のようなものを教えてください。　　　　　　　　（長崎，Yさん）

A

　これは，究極の質問ですね。「良い授業」と思われるものは，受け取る側によって千差万別です。ただ，一般的には，その授業が，「目標達成のためになされているか」「生徒の学力向上に寄与しているか」などでしょう。生徒の状況や指導内容によっても大きく異なりますので，今回は，逆の発想で，「悪い授業」と思われるポイントをリストアップして，そうなっていないか振り返っていただきます。

　ここでは，授業を4つのカテゴリーに分けます。題して，「こんな教員になってはいけない」。□にチェックを入れてみてください。

(1) **指導以前の課題**

　教員にとって，授業は舞台と同じ意味を持ちます。常に生徒の前ではスターでなければいけません。（社会人の基礎基本ですね）

☐ 1) 声が低すぎたり高すぎたりして聞きづらい。
☐ 2) 話し方に抑揚がなく，リズム感がない。
☐ 3) 早口で聞き取れない。
☐ 4) 話にメリハリがない。
☐ 5) 滑舌が悪い。
☐ 6) 笑顔がない。笑顔が怖い。
☐ 7) 表情が暗い。
☐ 8) 服装や髪型に清潔感がない。
☐ 9) 目線を合わせない。
☐ 10) 時間にルーズだ。

(2) **生徒対応**

　授業では，生徒との信頼関係が保たれていない限り，どのような指導方法を駆使しても，満足のいく結果は得られません。

☐ 1) 生徒を褒めない。

- ☐ 2）生徒を見下す。
- ☐ 3）生徒を励まさない。
- ☐ 4）入試をネタに生徒を脅す。
- ☐ 5）生徒の好き嫌いが明確に生徒に伝わる。
- ☐ 6）生徒をコントロールできない。
- ☐ 7）生徒の興味・関心事に興味がない。
- ☐ 8）生徒を揶揄する癖がある。
- ☐ 9）生徒の反応に無頓着である。
- ☐ 10）生徒の質問に真摯に答えない。

(3) 授業展開

　ちょっとした工夫で生徒を授業に引きつけるものです。
- ☐ 1）授業の目標が明確でない。
- ☐ 2）黒板の字が小さく，後方から見えにくい。
- ☐ 3）板書が速すぎ，書き終えるとすぐに消す。
- ☐ 4）板書をきれいに消さずに書き続ける。
- ☐ 5）授業パターンが常に同じ。
- ☐ 6）テスト等で，誤字，脱字，間違いが多い。
- ☐ 7）授業が一方的だ。
- ☐ 8）授業にゆとりがない。

(4) 英語に関すること

　英語そのものや，英語指導に興味をもち，向学心をもって，日々，学ぶ姿勢が大切です。
- ☐ 1）英語の発音が悪い。
- ☐ 2）英語に関する知識に乏しい。
- ☐ 3）言語・文化の知識に乏しい。
- ☐ 4）瞬時に，語彙や表現が口からでない。
- ☐ 5）英語の知識を知ったかぶりし，鼻につく。
- ☐ 6）生徒作品で内容より文法・綴りにこだわる。
- ☐ 7）ALTと臨機応変に授業を展開できない。
- ☐ 8）すぐに英米の話を持ち出し，「欧米か！」と生徒につっこまれる。

　いくつチェックが入ったでしょうか。9月以降の授業改善の参考にしてみて下さい。ちなみに，私は(1)の6）で園児や小学生に泣かれ，(1)の10)で，編集部から叱られています。改善を心がけたいと思います。

第2章 菅先生に聞こう！ 授業の悩みQ&A

2007年10月号

教科書の読ませ方で提案

Q 教科書の本文をどのように読ませたら（理解させたら）よいのか悩んでいます。特に英語を苦手としている生徒に対してどのようにすればよいのでしょうか。　　　　　　　　　　　　　　　　　　（岐阜，Uさん）

A ....

　教科書の本文をどのように読ませ，どのように理解させるかは，英語教育の大きな課題の１つです。現在行われている中央教育審議会の各部会においても，委員や報告書等から，「授業が訳読中心から脱却できていない」「高校の科目『英語Ⅰ』をリーダーと思っている先生方がいまだに多い」などの意見がたびたび出されます。

　授業時間の大半を内容理解のために一文一文逐語訳するのでは，特に英語を苦手にしている生徒達にとって，苦痛以外の何ものでもありません。そのような状況では，大抵の場合，生徒は事前の予習もなく授業に参加し，訳された日本語をただノートに書き写す。そして，定期試験では，その書き写した日本語を暗記するだけ。これでは，真の学力が身に付いたとは言えません。先生方にも生徒にも，苦あって益なしと言わざるをえません。そこで，１つのパターンをご紹介します。生徒の様々な状況を考慮しますと，全てに当てはまるとは思いませんが，何らかの参考になればと思います。

　以下の英文を教科書本文の一例とします。（参照：赤毛のアン〔三友社出版〕より）

　Anne had to study hard for the Queen's Academy entrance exam. Gilbert also worked hard.　Anne wanted to do better than him, and vice versa.　But Anne felt bad that Diana wasn't going to take the exam. Diana's parents thought she didn't need any more education.　Before, Anne and Diana did everything together, but now they were growing apart.

第2章　菅先生に聞こう！　授業の悩みＱ＆Ａ

(1) **(第1段階) 本文に目を向けさせる**

　生徒一人一人に，教科書本文に目を向けさせるために，以下の主旨のワークシートを用意します。

(例)　質問の答えとなる箇所が含まれている文を<u>本文から抜き出しなさい。</u>

①　アンは勉強でギルバートに負けたくありませんでした。ギルバートはどうでしたか。

(解答例)　Anne wanted to do better than him, and vice versa.

②　ダイアナがクィーン学院を受験しないのはなぜですか。（解答例省略）

　以上のような設問を設けると，生徒は本文に注意を向け，単語等から推測して答えとなる箇所を見つけ出そうとします。つまり，設問自体がヒントとなり，自ら考えながら本文を見ていこうとします。生徒に力を付けさせるためには，まず，生徒自身に考える状況を創り出すことが大切です。

(2) **(第2段階) 大まかな意味を捉えさせる**

　本文に目が向くようになればしめたものです。次に設問に日本語で簡単に答えさせます。

(例)　質問の答えとなる箇所が含まれている文を<u>本文から抜き出し，その内容を日本語で簡単に書きなさい。</u>

①　(解答例) 同じ気持ちだった。

(3) **(第3段階) ポイントを絞り意味を捉えさせる**

　次に，生徒に本文を読ませながら，設問となっている箇所を認識させ，答えとなる箇所を適切な日本語で詳しく説明させます。

(例)　<u>質問の答えを日本語で説明しなさい。</u>

①　(解答例) ギルバートも（アンと同じように，）アンには負けたくないと思っていた。

(4) **(第4段階) 英語での理解を図る**

　第3段階までクリアできれば，残りは英問英答です。<u>設問を英語で記し，解答を英語で求めます。</u>

　以上のように，設問で，一連の流れとして，内容理解を繰り返し習慣付けていくと，生徒の英語に対する嫌悪感も徐々に薄らいでいくものです。

第2章 菅先生に聞こう！ 授業の悩みQ&A

2007年11月号

教材費が道路に化ける？

Q 学校には授業の教材・教具がほとんどありません。自分で様々なものを購入していますが，なぜ学校には教材費にかけるお金がほとんどないのでしょうか。　　　　　　　　　　　　　　　　　　　（岩手，Sさん）

A

　各地の学校を訪問しますと，いまだに数十年前のテープレコーダーやビデオテープがあり，最新の機材や教科書準拠のソフト等の教材・教具は皆目見あたりません。学校現場では，管理職の先生方や事務の方に尋ねても，「教科に使える金額はこの程度」と雀の涙ほどの金額が提示されるだけ。「これじゃ，CD1枚も買えやしない」と，以前の私でしたら，星一徹のごとく机をひっくり返しているところです。しかも，その金額が年々減少する傾向にあります。

　そこで，右のグラフをご覧ください。これは，国から各市町村に教材費として交付税措置された金額に対して，実際にどの程度，本来の目的の教材費として使われたかを都道府県ごとに示したグラフです。例えば，岩手県を見てみましょう。平成17年度に国から岩手県の市町村に教材費として約11億8,860万円が措置されたのに対し，実際に教材費として使われた額は，その26.4％にあたる3億1,380万円。つまり，差額の73.6％相当の約8億7,480万円が教材費以外のもの（例えば，橋や道路など教材費以外の予算）に使われたことになります。教育再生などと叫ばれる中，実際に教育費は他の分野で利用されているわけですから，元を正さないで，綺麗事ばかり叫んでも，対処療法にもなりません。確かに，この金額は市町村が自由に使える一般財源として措置されているものですから，用途は市町村の考え方一つです。まったく教材費として使わなくても咎められることはありません。要は，首長，行政側に教育を良くしようとい

う意思があるかないかです。

　今後,必修化が考えられる小学校英語活動においても,周りからは条件整備（教材・教具等）が大切との声を聞きます。そこで,それをも勘案し,国から都道府県及び市町村に対し,情報化の環境整備として今年度約1,500億円が教材費同様措置されています。これはパソコン,液晶プロジェクタ,電子黒板等を購入するためのものです。しかし,この金額が他の用途に使われていたとなれば,小学校英語活動は立ち行かなくなることは明らかです。ここは教員及び指導主事等の方々が声を大にして,本来の目的の教育に予算を使うよう訴え続けることが大切です。

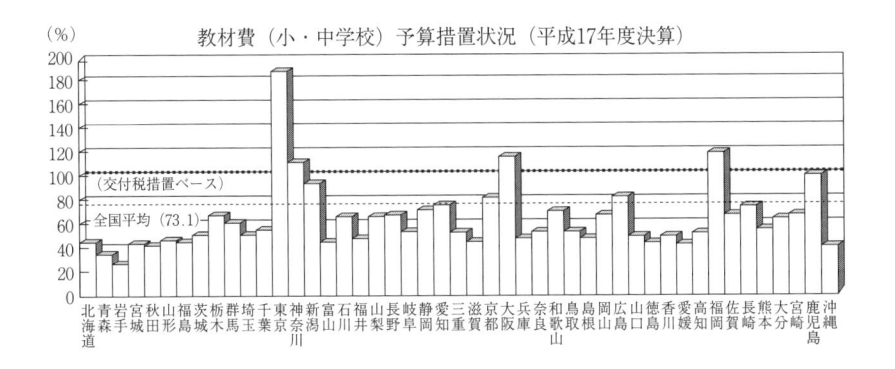

教材費（小・中学校）予算措置状況（平成17年度決算）

第2章 菅先生に聞こう！ **授業の悩みQ&A**

2008年1月号

新学習指導要領で変わること

Q 新しい学習指導要領の方向性が示されたようですが，今後の英語の授業はどのように変わっていくのでしょうか。　　　　　　（東京，Kさん）

A ……………………………………………………………………

　去る11月7日の中央教育審議会教育課程部会からの「教育課程部会におけるこれまでの審議のまとめ（案）」に基づき，私なりに今後の日本の英語教育のイメージを図式化してみました。

　図より，小学校で外国語活動（仮称）が必修化されれば，スキル中心ではなく，コミュニケーションの積極的な態度の育成や異なる言語や文化への理解，英語の音声や基本表現に慣れることなどを目的として実施されることとなります。これは，中・高等学校，そして生涯教育へと続く外国語教育の礎または環境づくりと言っても過言ではありません。「人とコミュニケーションを取る楽しみ」「言葉への自覚」「国際感覚の基盤」などに気づいたり，身に付けたりすることが，中学校へのスムーズな導入につながると考えています。また，中学校では，授業時間数を充実し，語彙数も充実させるとし，高校では，発信力の向上や中学校との円滑な接続を図る観点から，科目の構成及び内容を改善することとしています。

　では，具体的に校種別に見ていきましょう。

〔小学校〕（「審議のまとめ」より）

　外国語活動（仮称）は，目標や内容を各学校で定める総合的な学習の時間とは趣旨・性格が異なることから，総合的な学習の時間とは別に高学年において一定の授業時数（年間35単位時間，週1コマ程度）を確保することが適当である。

（解説）　授業は担任を中心として，ALTや地域の英語に堪能な方々とのティーム・ティーチングを基本と考え，小学校の週1回程度では，スキル面

を中心に扱うことは効果面からも疑問が残ります。それより，「英語って楽しいなあ！」「自分の伝えたいことが相手に伝わったよ」などの体験をさせることの方がはるかに重要だと考えます。

〔中学校〕（「審議のまとめ」より）
　文法指導や習得すべき語彙数の充実等を図るとともに，中学校終了段階で簡単な外国語でのコミュニケーションができるように，中学校3年間を通して，教育内容や授業時数を充実することが必要である。
（解説）　小学校での体験を基に，スキル面の向上を図るためにも，現行の週3時間から週4時間に時間数が増加される予定です。しかし，あらゆる調査から，中学生の「読むこと」「書くこと」の能力が低下傾向にあることより，内容面を大きく増やすことは得策とは考えられません。現行の指導内容のさらなる定着を図ることが大切です。

〔高等学校〕（「審議のまとめ」より）
　学習の基盤であり，広い意味での言語を活用する能力とも言うべき力を高める国語，数学，外国語については，現在選択必履修となっているが，義務教育の成果を踏まえ，共通必履修科目を置く必要がある。
（解説）　現行の「英語Ⅰ」か「オーラル・コミュニケーションⅠ」かの選択ではなく，すべての高校生は「コミュニケーション英語Ⅰ」を履修することになります。また，今までの，スキル別の科目構成を見直し，総合力を向上させるためにも科目を刷新し，授業の改善を図ります。

　このように，英語教育が，戦後60数年目にして初めて小中高と一貫して，コミュニケーション（図の矢印）という一本の線で結ばれることになります。

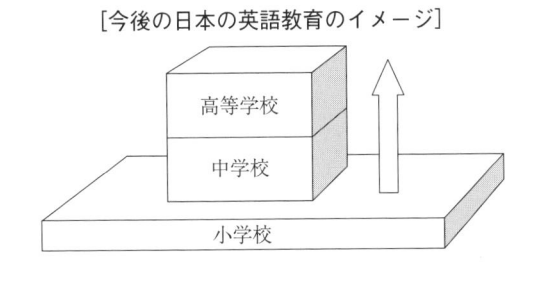

[今後の日本の英語教育のイメージ]

第2章 菅先生に聞こう！ 授業の悩みQ&A

2008年2月号

小学校がスキル中心でない訳

Q 先月号で，今後の英語教育のイメージは理解できましたが，なぜ，小学校の授業がスキル中心ではないのか，総合的な学習の時間は，今後どうなるのかを教えてください。　　　　　　　　　　　　　　（群馬，Oさん）

A ……………………………………………………………

【小学校がスキル中心でない訳】

　現在，全国の小学校に勤務する先生方（約40万人）で，中高等学校の外国語（英語）の教員免許を持っている方は，公立小学校で3.7％，私立小学校で4.0％，国立附属小学校で1.9％となっています。この値はこれまでの小学校教育の経緯からは当然のことです。このことを踏まえると，必修化される見込みの外国語活動（仮称）は，目標をスキル中心にするならば，先生方に多大な負担をかけることとなります。それより，今の子ども達の課題である「積極的にコミュニケーションを図ろうとする態度」を育成したり，「言葉の持つ意味」を認識させたりすることの方が急務であり，これらが，中学校以降で行われるスキル中心の授業と相まって，結果的に英語運用能力の向上に資すると考えるからです。

　また，授業時間数については，高学年（5，6年）で週1回程度（年間35時間程度），2年間で70時間程度の実施となります。そこで，この70時間の持つ意味を考えたいと思います。たとえば中学校1年について考えてみます。中学校に入学後，週3時間英語を学ぶと70時間目の授業はどの時期に当たるのかというと，多くの中学校の先生方の情報から，ほぼ10月末との結論に達しました。この時期に学ぶ文法事項は，助動詞 can。すでにこの時期，中学生は英語を流暢に話したり，英文を正確に聞き取ったりできるようになっているでしょうか。

残念ながら，そこまで期待はできません。しかも，小学校では週1回程度の実施。次の週には，前時の内容をほとんど忘れているかもしれません。これらを考え合わせても，スキル重視は難しいと考えます。

【総合的な学習の時間における国際理解】

　英語活動は，現行の学習指導要領の「総合的な学習の時間」の配慮事項「国際理解に関する学習の一環としての外国語会話等」の文言から全国的に広がりました。しかし，全国を見渡すと，国際理解の一環としてより，ALTや地域人材を活用し，スキル向上をめざした「英会話」の授業にシフトしている傾向が見られます。ニンジンの嫌いな子どもが，表現の練習として，ニンジンのピクチャーカードを持ち，嫌々"I like carrots."と言わされているのです。この子どもの気持ちは幾ばくのものであろうかと考えると涙が出ます。このようなパターン・プラクティスやダイアログの暗記など，スキル向上を目指した指導は，中央教育審議会の「総合的な学習の時間」専門部会で問題提起され，趣旨に反するとされています。

　その反省から，平成19年11月17日に中央教育審議会の教育課程部会から出された「教育課程部会におけるこれまでの審議のまとめ」の中の「総合的な学習の時間」の改善の具体的事項の中に，「小学校において，国際理解に関する学習を行う際には，問題の解決や探究的な活動を通して，諸外国の生活や文化などを体験したり調査したりするなどの学習指導が行われるように配慮する」とあります。つまり，探究的な活動が求められ，具体的には，調べ学習や留学生との交流などが趣旨に合致していると考えられます。したがって，5，6年での外国語活動では，総合的な学習の時間を有効に活用することも可能となります。

　先日（平成19年12月6日），朝日新聞「天声人語」に次のような文がありました。『興味という土壌が豊かでなければ，学力という果実の収穫は望めない』。まさに，小学校で土壌を豊かにし，種を蒔き，中高等学校で，立派な果樹に育て，学力の果実を収穫することが，今後の英語教育に求められることなのです。

第2章　菅先生に聞こう！　授業の悩みQ&A

● 2008年3月号

「授業力」って何？

Q 最近，授業力という言葉をよく耳にします。特に，教員免許更新制の話題が出るたびに耳にするようになりました。そもそも英語教員にとって授業力とは，何を意味するのでしょうか。教えてください。(東京，Tさん)

A

確かに，世間は様々な言葉に「〇〇力」をつけるのがお好きなようです。特に教育の分野においては顕著です。「生きる力」から始まり，教育力，言語力，指導力，授業力等々，枚挙にいとまがありません。まるで，毎日，ホウレン草を食べて筋肉隆々で，力こぶを作ったポパイのようにならなければ，オリーブに愛されないかのようです。もちろん，ここでのポパイは先生方であり，オリーブは世間や保護者です。では，ブルートは？　予備校？　それともカリスマ教師？　こんなことを考えていると「力」の持つ意味が滑稽に思えてきます。

教育職員免許法が改正になり，教員免許更新制が導入され，普通免許状および特別免許状に10年間の有効期間を定め，免許状更新講習を受講し，修了したことの確認（修了認定）を得ることが求められています。この中の免許状更新講習で「授業力向上」などをめざした研修がなされるわけです。この制度の導入は平成21年4月1日からで，まだまだ内容が確定していませんが，受講時年齢は35歳，45歳，55歳。おおむね講習は30時間程度。そして，講習修了時にテストを行い，60点に満たない者には授与されないとのことです。まだ変更もありそうですが，授業に焦点が当てられていることは歓迎すべきでしょう。ただ，その授業力とは何か？　導入以前に「授業力」の定義が必要になってくると思います。

一般に英語における授業力とは，生徒を中心に考えれば，俗っぽい言い方で

すが，生徒に興味を持たせ，英語運用能力を向上させることができる力となります。一方，法令を参考にすれば，学習指導要領の目標を達成させることができる力となります。しかし，現実はどうでしょう。受験に合格できる力を身に付けさせることを授業力と考えている方も少なくありません。

他方，教員側から授業力を考えると，英語運用能力と指導力とに大別されるでしょう。これは，自転車の両輪であって，互いに働かなければ身動きが取れなくなります。どちらか一方に長けていたとしても，なかなか前には進みません。

かつて，同僚に，英語が三度の飯より好きという先生がいました。通勤途中は英語のCDを聴き，職員室では英字新聞やペーパーバックを読み，夢を英語で見，日本人の先生方と交わるより，ALTと過ごしている時間の方が長い。しかし，授業となると惨憺たるもの。常に英語が苦手な生徒を見下し，自分の英語力を自慢し，そして，ついには生徒に嫌われ，いつしか先生は学校を去っていきました。一方，ある先生は，授業の半分以上をギャグや笑いに時間を費やし，生徒からの人気は絶大だったのですが，生徒の英語力は全く伸びなかったということもあります。

これらを考えると，バランスの大切さを痛感します。教員に指導力も英語運用能力も十分に備わっていて，それらが相互補完的に指導に現れることが授業力であると判断してもよいと思います。

英語運用能力については，毎日鍛錬することができる領域ですが，指導力は一朝一夕に向上させることはできません。もちろん指導力の中には，生徒理解力，生徒指導力，授業展開力などが含まれます。あ，忘れていました，特に大切なものを。それは「魅力」です。これらを備えるためには，様々な体験（学校以外でも）をすることです。これを避けていては，いわゆる授業における「KYさん」となりかねません。

今回が最終回となります。私は今でも「教員の基礎基本は授業である」と思い続けています。

第3章 英語教育ここだけの話

2008年4月号
英語教育改善の第一歩

　全国の先生方から,「Q&Aはおしまいですか？」「毎月楽しみにしていたのに」と温かいお言葉を数多くいただきました（約3名）。確かに,「菅先生に聞こう！」は先月号をもって終了とさせていただきました。しかし,多くの読者の方々の後押し？　で,今回,コーナーを一新,「英語教育ここだけの話。」を始めることとなりました。これは,有意義な情報を旬のうちにお伝えするコーナーです。時には辛口の,時には笑いの,時には涙なくしては語れない英語教育の様々なお話を用意いたします。しかし,「それじゃ,ここだけのはなしじゃないだろう！」との批判も聞こえますが,乞うご期待です。では,スタートします。

　去る2月15日に小中学校の学習指導要領案が公表になりました。外国語に関しては,小学校での外国語活動の必修化,中学校での悲願の授業時間数の増加（週3時間から週4時間）,それに伴う指導語数の増加（現行900語程度から1,200語程度）が特筆される点です。そんな中,マスコミ各社はこぞって,この改訂に様々な意見をつけました。小学校における外国語活動については,もう言い尽くされた感もありますが,相変わらず読売新聞だけが社説で触れています。読売新聞社はかつて（2000年11月3日付朝刊）,全社挙げて「読売新聞社の教育緊急提言・新世紀の担い手育てるために」を公表しました。この中で,英語を小学校3年から必修とすべきと提言し,「国際共通語となった英語を小学校3年から必修にしよう。母国語を身につけた上で外国語を学び始めるのに適した年齢だからだ。既に一部の小学校で行われている総合的な学習の時間での英会話学習は,国際理解が目的とされ,体系的な英語教育ではないため,中途半端なものに終わる恐れがある。」と強気でした。しかし,平成18年3月27日,中央教育審議会の外国語専門部会から必修化が報告されるやいなや,外国

語より国語が大切との社説を皮切りに，反対論を展開しています。この豹変ぶりには驚くばかりです。しかし，このような意見も貴重な教えです。慶応大学の大津由紀雄さんの反対意見も貴重なもので，その理由を吟味することで，さらに課題が明確になった感がありました。いわば，小学校英語が導入されたのも，大津さんや多くの反対の方々がおられればこそと思っています。ただし，ご本人は今頃，地団駄を踏んでいるかもしれません。

　反対理由の一つに，条件整備が必ず挙げられています。来年度予算案が発表され，本誌1月号の江利川春雄氏の時評「恥ずべき教育予算」にもあるように，確かに教育予算は厳しいものがあります。しかし，小学校外国語活動に関する予算は，教員増に伴う予算縮小にあっても，約6億3千万円も認められたことは奇跡に近いと考えています。

　具体的な条件整備は，まず，テキストの『英語ノート（仮称)』(各学年約80ページ）を，この3月末までに拠点校の児童・教員に試作版として配布し，使用後，改善を加えた上で，平成20年度内には全国の児童に配布される予定になっています。また，先生方には『英語ノート』の教師用指導資料（各学年約180ページ）とCD（各学年1枚）も配布予定です。また，デジタル教材（電子黒板用ソフト）の開発も急ピッチで進められています。加えて，3月末までには文部科学省のホームページ内に小学校外国語活動のサイトが立ち上がり，学校で様々な情報を引き出すことができるようになります。例えば，『英語ノート』の絵カードも，サイトから自由に引き出し，使用することができます。もちろん，これで全てとは考えていません。これからがまさに正念場です。まずは導入し，それにより，今後は，児童の変容，教員の意識，学校の体制等を検証し，客観的データに基づき，次の第一歩を踏み出さなければならない時にきているのです。

第3章 英語教育ここだけの話

2008年5月号

昨今の海外英語教育事情（アジア編）

　ここ数か月，相次いで韓国メディアの取材を受けています。主にテレビ・メディアからのインタビューが中心ですが，おかげで，韓国国民はお茶の間で，私の鬚づらを見る憂き目に会っていることでしょう。取材の趣旨は一貫しており，韓国における英語フィーバーぶりに警鐘を鳴らし，英語至上主義を鎮めたい考えのようです。

　具体的には，英語フィーバーのため，TOEICの受験者数が増加する一方で，TOEICの代わりとして，真の英語力を判断する国の統一した試験を作るべきだとの考えにメディアは立っているようです。また，李明博（イ ミョンバク）大統領の公約の中に，公教育における英語教育の強化策として，イマージョン・プログラムの導入が謳われています。しかし，多くの国民の反感を買い，メディアは国民感情に呼応すべく，日本との比較などから，時期尚早の結論を導きたいようです。

　しかし，裏を調べれば調べるほど，単に英語を習得させるためにイマージョン・プログラムを導入しようとしているのではないことがわかります。現在，韓国の子どもたちは，国内の学校を離れて，世界中の学校に留学しているのが現状です。例えば，ニュージーランド教育省によると（2006年），同国の小学校に留学している子どもの83.5％にあたる2,429人が韓国人とのこと。このような留学を阻止し，韓国国内に留めようとする政策の一環でもあるようです。朝鮮日報の社説によると，「韓国人の生徒が世界中に散らばっているのは，大韓民国に魅力的な学校がないからだ」と断言しています。その対策として，英語教育も政治の一部に利用されているのです。

　一方，中国でも，地域によっては，英語教育の熱波が街を覆っています。その最たるものが，都市部における小学校英語教育です。2年前に中国を訪問した際，教育部（日本の文部科学省に相当）の英語教育担当者と会談し，小学校

の英語教育について話をしました。中国では，2001年に外国語を3年生から試行し，その後，2005年から教科として正式に導入しています。しかし，必修化となれば，全国すべての小学校に導入されると思いがちですが，その点を担当者に尋ねると，

「中国では必修化と言っても，できるところからやればよいので，強制はしません」と。そこで，

「日本では，それは必修化とは呼びません。では，現在，全国のどのくらいの小学校で英語が導入されているのでしょうか」と尋ねると，

「データはありません」

「え？　データがない？（国としてデータを取っていないのか！）では，勘で結構ですので，全国の何割の小学校で英語教育が行われていると思いますか」と，あくまでも国の代表として丁寧に，気品に満ちた顔？　で尋ねると，相手は考え込み，

「約60パーセント程度でしょうか。」

「（約6割？）日本では，必修化となれば，北海道から沖縄まですべての小学校に導入され，同じ内容を学習することになります。」

「そうですか。日本は教育に関しては社会主義的なのですね」とグサリ。

「そこが日本の良さなのです。格差なく同じように学び，同じように学力を身に付けさせようとしているのです。」と言い返す，闘う調査官。

国にデータが無いことにも驚いたが，やれるところからやればよいという考え方は，やはり大陸的な考え方なのでしょう。

帰り際に，北京，上海，天津のような大都市部で，小学校1年生から英語教育を行っていることについて意見を求めると，個人的には賛成ではないとの答え。まず，中国語を正しく習得した後でも遅くはないと考えているようです。国は変わっても，同じ考えを持った方がいるのだと，スモッグで汚れた空を見上げながら思いを巡らせた次第です。

第3章 英語教育ここだけの話

2008年6月号

昨今の海外英語教育事情（ヨーロッパ編）

　今回も，前回に引き続き，海外の英語教育事情をご紹介します。今回はヨーロッパ編です。

　フランスはパリ。昨年，日本の文部科学省にあたる国民教育省で，フランスの外国語教育担当官と話をしました。今でも，その時の話が脳裏に焼き付いて離れません。

　フランスでも，EUのフレームワークにより，外国語教育が盛んに行われるようになりました。特に小学校においては，外国語を1言語学ぶこととなり，様々な取り組みが始まっています。外国語としてどの言語を学ぶかは，児童，保護者，学校などで選択することを基本としています。担当官の話では，全国の小学生の約9割が英語を選択しており，次いでスペイン語，ドイツ語と続きます。しかし，ドイツ語は，年々ニーズが減ってきており，これは，全世界的にも同様な傾向が見られるようです。

　「なぜ，英語ですか？」と私。

　「我々は，アメリカやイギリスの言語である英語を教えるつもりはありません。子どもたちが，今後，EU圏内で経済活動する際のツールとしての言語＝英語を教えているのです」と。続けて，

　「英語を学ぶことは，アメリカ，イギリスの文化を学ぶことではなく，フランスの文化を英語で発信できるということです」と話しました。これらを聞いた時，日本の小学校での英語活動を思い起こしました。10月ともなれば，カボチャに穴を掘ってランタンを作り，お化けの格好をして楽しむハロウィン。これを見たフランス人の目には滑稽に映ることと思います。「日本人のアイデンティティって何？」と尋ねられそうです。

　話を聞きながら，イギリスとフランスの歴史的な関係（百年戦争等）をも想起し，我々には到底理解できないフランス人のDNAに含まれた両国間の関係

というものを感じ取りました。加えて,
「テキストはどうしていますか？」と尋ねると,
「英語を導入するとなったとき,ナショナリズムが沸き起こりました。テキストにおいても,イギリスの大手出版社がたとえ販売に来ても,先生方は国内の出版社の本を購入します」と話していました。このように,フランスは,独自の言語教育を行おうとしていますが,日本においても,学ぶべきものは多いように感じました。

一方,スペインはマドリード。この国にも,EUのフレームワークは適用され,こちらは外国語の中でも英語に特化した教育が施されようとしています。特に面白い話題としては,英語のネイティブ・スピーカーの雇用問題です。スペインの教育行政は,国よりも各自治州（17自治州）に権限があり,それぞれで様々な外国語政策が行われています。私が訪れたマドリードの州教育省では,ネイティブ・スピーカーをどう確保するかが大きな問題となっていました。ご存じのようにスペイン語等のラテン語系の言語を母語とする人々にとっては,英語の発音はかなり難しく,その指導者もなかなか確保できないのが現状です。そこで,渡航費のあまりかからないイギリスから青年等を招へいしようとするのですが,なかなか居着かないとのこと。

「月いくらで雇っているのですか」と私。
「月15万円です。日本のように30万円は払えません」と。私は心の中で,
（え？　何でJETの30万を知っているんだ？）
「すぐに辞めて日本に行く人もいますよ。」
「日本にねえ〜。」（適当な言葉が浮かばない私）
「そこで,今年はインドに人を探しに行きます。15万円なら来てくれると思いますから。」（……）。

ネイティブ・スピーカーの確保は世界的な問題になりつつあります。同様のことを中国でも言われました。このように,英語教育はワールド・ワイドな問題になりつつあることを肌で感じた次第です。

第3章 英語教育ここだけの話

2008年7月号

小学校外国語活動 『英語ノート』の話

　去る3月28日に小学校学習指導要領が改訂され，初めて外国語活動が必修化されました。顧みるに，昭和61年4月23日，臨時教育審議会「教育改革に関する第二次答申」「外国語教育の見直し」の中で「英語教育の開始時期についても検討を進める」とし，以後22年，導入に至るまでに非常に長い年月を要することとなりました。特に私が文部科学省入省後の3年間というものは，必修化激動期と呼んでも過言ではないでしょう。この間の経緯については，またの機会にするとして，今回は，新学習指導要領に則して作成された『英語ノート』について話をしたいと思います。

　現在，『英語ノート』（試作版）は全国の拠点校581校で試験的に使用されており，今後，各拠点校から意見を集め，年度内に改訂し，年度末までには，全国全ての学校の児童に配布する予定になっています。この『英語ノート』は5，6年の2冊構成で，それに加え，教員用として，付属のCD，指導資料（指導マニュアル）及び電子教材（電子黒板用ソフト）が用意されています。

　去る4月4日の読売新聞朝刊1面に『英語ノート』に関する記事が大きく掲載されました。そこには，「文部科学省作成の教材『英語ノート』（試作版）で計285の単語と，中学1年レベルの50の表現を教え，6年生終了時点で英語を使って遊んだり，自己紹介できたりすることを目指す」とあります。この内容には間違いはなく，記者会見での説明を記事にしたものです。特に数値に関しては，『英語ノート』を使用した場合，児童が様々な活動で自ら口にすると思われる語彙（5年135語，6年150語）や表現をシミュレーションし，カウントしたものです。したがって，指導内容によっては，増減も当然考えられます。また，これらの語彙や表現は文部科学省の研究開発学校の研究開発実施報告書を基に，多くの学校で使用されるものにとどめています。例えば，動物の語彙に関しては，犬や猫は全ての学校で取り扱っていますが，キツネやクモは約半数，蜂は1割程度しか指導されていません。日々，児童と接している先生方が児童や学校の状況を考えながら選び抜いた語彙ですので，多くの学校で取り上

げている語彙に限定する方が普遍化できると考えた次第です。

　また，『英語ノート』では，英語のみならず，他の言語にも触れています。韓国語，中国語，モンゴル語，タイ語，ヒンディー語，アラビア語，ロシア語，フランス語，スペイン語，ポルトガル語，スワヒリ語，マオリ語などです。ここから，例えば，スワヒリ語の文字はローマ字表記なので〔例えば amani：アマニ（平和）〕，小学生も読むことができますし，日本語，韓国語，中国語の数字「3」は若干の発音の違いはあっても，子どもたちには全て「さん」と同じ音に聞こえるはずです。また，我々が数を数える際に「正」の字を用いますが，これは，韓国でも中国でも同じことです。このようなことに気づくと，言葉は面白いものと感じる子どもが増えることでしょう。つまり，『英語ノート』は，英語のスキル向上を目指すために作成されたものではないのです。

　なお，上記の語の CD 収録に際しては，それぞれの言語を母語とする東京在住の一般の子どもたちに，わざわざスタジオまで足を運んでもらい収録しています。この子どもたちが，日本の子どもたちのコミュニケーション能力向上のために協力してくれたことに心から感謝しています。

第3章 英語教育ここだけの話

● 2008年8月号

再生懇談会を再生する

　去る5月26日に教育再生懇談会から「これまでの審議のまとめ―第一次報告―」が出されました。その中の「英語教育を抜本的に見直す」では、(1)英語教科書の質，語彙，テキスト分量の抜本的向上，(2)小学校3年生以上での英語教育を行うモデル校を大規模に（例えば5,000校）設ける，(3)英語教員の英語力の飛躍的向上，外国人や社会人を活用した英語指導の人材確保を図りつつ，早急に外国語指導要領の見直しの検討に着手し，実行に移す。以上が明記されています。これが，発表されるや否や，新聞各社はこぞって批判の記事を載せました。朝日新聞は，「中教審の頭越し，唐突な提案」と題し，「今から指導要領の見直しを求める再生懇談会の提案はあまりにも唐突だ。しかも，メンバーの半数は中教審委員。指導要領に不満があるのならば，中教審で主張することが筋だろう」と書いています。新学習指導要領が3月に告示され，これから先生方に周知する段になっての，この報告です。現場の先生方を混乱させるだけの報告となっているかも知れません。

　では，上記の(1)から(3)について，具体的に見ていきましょう。(1)に関しては，特に品川区の若月秀夫教育長が提案した資料が面白く，驚きます。氏は小中高大の各段階における明確な到達目標の1つとして，語彙数を規定しています。小学校では300〜400語，中学校卒業段階では2,100〜2,400語，そして，高校卒業段階では6,000語としています。現行の中学校学習指導要領では，語彙数を900語程度としていますが，それでもなかなか定着しないのが現実です。それが，約2.6倍もの語彙数を学習させるというのです。普段，生徒に接している先生方は苦笑することでしょう。ここは是非，品川区の中学生に2,400語の指導を行っていただき，定着に関する詳細なデータを示していただきたいと思います。そのデータをもって，国の政策に転じていくことは可能なことです。

(2)に関しては，5,000校という数です。すでに，低学年及び中学年からの英語教育に関する研究は，長年に渡って研究開発学校で行われてきました。現在，その数は全国に68校，また，昨年度から指定された外国語活動に関する拠点校は全国に580校あります。これらを指定するだけでも，現場からの疑問や意見がありました。それらをはるかに超える，約4.6校に1校の割合でモデル校を作るというのです。財政的にも，非現実的なものとして誰の目にも映ることでしょう。これが，毎日新聞の「地に足がついていないのでは」の見出しに表れます。

(3)に関しては，特に「早急に外国語指導要領の見直しの検討に着手」の部分です。学習指導要領が告示され，各地の学校では，来年度からの移行期間を考慮しながら，準備に入ろうとしている段階です。しかも，小学校では，外国語活動導入に関しても様々な意見があります。しっかりとした新学習指導要領の証左なくして，次の段階に進むことは時期尚早であると考えます。

「教育再生会議」に次ぐ「教育再生懇談会」。再生を広辞苑で引くと「死にかかったものが生きかえること」とあります。本当に教育は死にかかっているのでしょうか。かつて，教育再生会議で小谷実可子氏が「全国の小学校で，30人31脚をやれば，いじめがなくなる」旨の発言をしたのが，新聞記者たちの間で"話題"になりました。

様々な分野で活躍する有識者たちの方々に，地に足のついた論議をしていただきたいと思います。現場を混乱の渦に巻き込むことははなはだ迷惑なことです。まさに，公金を使っての会議。政策に反映されないような会議では，再生懇談会自体を再生する必要が出てくるかも知れません。様々な意見に耳を傾け，子どもたちのために教育を改善する旗振りになっていただきたいと思います。

第3章 英語教育ここだけの話

● 2008年10月号

What is 専門家？

　専門家とは何でしょう。

　現在，国立教育政策研究所において，プロジェクト研究「小学校における英語教育の在り方に関する調査研究」を行っています。これは，平成18年度から3年継続の研究で，今年度末に終了の運びとなっています。研究内容は，全国の小学校53校を協力校として，英語活動等の導入時期及び学習時間とリスニング能力及びスピーキング能力等との関係，効果的な指導方法・指導内容等について分析・考察するものです。委員として大学，教育委員会，学校等の先生方の協力を得ていますが，他に，データ処理，分析，統計の専門家3名も配しています。これは，データ神話に教員が振り回され，「測ったつもり」「分析したつもり」「分かったつもり」になっているのではないかという反省に立って依頼したものです。膨大なデータを収集し分析しても，その筋の専門家からすれば意味のないもの，と一刀両断されては，努力も水の泡となりかねません。

　一方，昨今，英語教育関係者が英語教育以外の分野で専門家のごとき論を張っているのを目にします。

　例えば，小学校に外国語活動を導入するにあたり，脳科学の問題にぶちあたりました。昨今，脳科学が流行のようで，脳科学から外国語習得を分析したり，早期外国語教育を脳科学から研究したりする動きがあります。そこで，文部科学省関係者とともに，埼玉にある独立行政法人理化学研究所に足を運びました。応対していただいた先生方は，日本を代表する世界的権威の脳科学者，脳医学者の方々ばかりで，さすがに厚顔無恥な私でさえ気後れするほどでした。我々がそこで聞いた話は，「そう単純に脳科学と言語教育を結びつけるべきではない」「言語教育と脳科学を結びつけることは，かなりの危険性をはらむことになる」，また，「言語教育において，『臨界期』という言葉の使用は適切ではな

い」などです。このように，専門家においてもかなり慎重である分野を，専門家でもない方々が論議することは，まさに「いかがなものか（行政の常套句）」となるのでしょう。

　もちろん，研究をするなと言っているのではありません。さまざまな研究がなされることは良いことですが，ここは是非，その道の専門家を必ず研究に配し，その研究を揺るぎのないものにしていただきたいと思うばかりです。

　こう主張するのも，実は中央教育審議会教育課程部会や外国語専門部会において，小学校に外国語活動を導入するに当たり，多くの委員の方々から，「小学校に英語を入れて効果はあるのか」，「文部科学省の研究開発学校で十数年に渡り研究をしているのに，効果が示されていない」などの言葉をいただき，返答に窮することがあったからです。確かに，十数年に及ぶ研究開発学校から出てくるデータは，「英語活動は楽しい」などの情緒的な興味関心に関するデータばかりで，英語運用能力に関するデータはほとんどありませんでした。多くの大学の先生方が専門家の立場で研究開発学校に参画して，なぜ成果（英語運用能力面で）を示せなかったのか不思議でなりません。これが導入に少なからず障害になったことは確かです。

　また，最近，専門家という言葉を小学校英語関係者や団体から聞くようになりました。「小学校英語専門家が授業を診断」「小学校英語専門家が学校を支援」。いつの頃から専門家が生まれたのでしょう。数年前まで英語学や英文学の専門家だった人が，このところ小学校英語で専門家を名乗り出しています。英語を知っていれば専門家なのでしょうか。この専門家という名のもとに，学校の先生方が混乱させられるのだけは避けたいものです。

　一体全体，専門家とは何なのでしょうか。

第3章 英語教育ここだけの話

2008年11月号

行って見て知るブータン(1)

　今，原稿をブータン唯一の空港所在地パロ（標高2,270メートル）のホテルで書いています。今夜は原稿を書く気力も無く，ただベッドに入る予定にしていました。しかし，シャワーを浴びていると，はじめは心地よいお湯が出ていたものの，徐々に冷たくなり，何か妙だぞ？　と思うや，泥水が吹き出し，体中泥だらけ。身も心も冷え，目はギンギン。怒りと情けなさのあまりに，今，コンピュータのキーを力いっぱい叩いています。

　なぜ，ブータンかといえば，GNH（Gross National Happiness：国民総幸福量）が世界一であること，蘭の種類が豊富であることという個人的興味に加え，最大の関心事であるブータンの英語教育（私の思う限り，アジアで最も英語教育が進んでいる国）を実際にこの目で確かめたいと思っていたからです。そして，ついに夏季特別休暇を利用してはるばるやってきたのです。

　ブータンでは，公立学校（すべて国立）の授業を見学することは難しいとされ，しかも，様々な障害が立ちはだかり，毎日，スケジュールの変更を余儀なくされました。しかし，何とも魅力的で怪しげな？　現地のガイド氏と怪しげな髭の日本人（私）との駆け引きにより，公立と私立の小学校の授業が見学でき，高校を訪問し，国の教育担当者とも話をすることができました。そこで，今回と次回に分け，ブータンの報告をしたいと思います。

　一般に，ブータンでは英語によるイマージョンプログラムが取り入れられていることが知られています。しかし，実際はそう単純なものではありません。ブータンの国土の多くは山岳地帯で，交通の便も悪く，地域同士の交流も少ないことから，地域独自の言語が存在します。そこで，1980年代に，首都ティンプーやパロの西部地域語（ゾンカ語）を公用語と定めます。しかし，それ以前から，ゾンカ語はチベット仏教に関する用語は多いものの，教育に関する語彙が少ないことや，また，ゾンカ語は数ある地域語の一つに過ぎず，他の地域語への配慮を考える必要もありました（英語は条件が同じく，共通に理解が図れる）。加えて，教育制度をインドに委ねていた事情もあって，60年代から英語

第3章　英語教育ここだけの話

を教育制度に組み入れることとなります。したがって，日本や他国が英語教育をグローバル化や子どもたちの将来性から導入するのとはかなり異なった観点で導入が図られています。

　さて，授業です。はじめに訪れた小学校は首都ティンプーにある私立小学校のETHO METHO SCHOOL（ETHO METHOとはゾンカ語で「しゃくなげ」の意）。丘の中腹に立つ小さな小さな学校で，幼稚園部と小学校1年から5年生（ここでは，6年生になると公立小学校に移る）までが学んでいます。1授業時間は40分で，各学年ともおおむね週7時間程度，英語を学んでいます。もちろん，幼稚園児も英語を学びます。また，国語であるゾンカ語と社会科以外の算数や理科などでは，英語で授業が進められます。授業以外で先生方の使用する言語は，人によりますが，ゾンカ語のみ，英語のみ，はたまた両言語を適宜使い分けるなど，様々です。したがって，ブータンの英語教育はバイリンガルを目指すイマージョンプログラムであると言えます。そして，その内容には目を見張るものがありました。さて，この続きは次回に回したいと思います。

第3章 英語教育ここだけの話

2008年12月号

行って見て知るブータン(2)

　やれやれ，今日の目覚めもよろしくない。たぶん，毎日続くブータン料理のせいかもしれない。料理の多くに唐辛子が入り，実に辛い。胃が悲鳴をあげている。しかし，この料理のおかげか，町では太った人に出会わない。ブータン人なのに太っていない，などと考えていると目が覚めた。重い足取りで，ブータン第二の町パロ（標高2,300m）の公立小学校に向かう。前回も記したが，ブータンの公立学校（すべて国立）を見学することは難しいとされるが，粘り強い交渉の末，何とも怪しげな？　ガイド氏のおかげで授業を見学することができた。実は，この学校（Taju Primary School）の校長先生はガイド氏の知り合いで，姪も通っているとのこと。期待できそうである。

　丘の上の狭い空間にその学校は建てられていた。子どもたちの声が，山々にこだまする。授業前に，集会があった。地面はもちろん土。何人かの子どもたちが前に立ち，自分の目標や夢についてスピーチしている。母語のゾンカ語や英語は実に流暢である。聞いているのは子どもたちや先生方ばかりではない。ブータンでよく見かける野良犬たちも，5,6匹，寝そべりながらスピーチに耳を傾けている。誰も追い払おうとはしない。実は，ブータンはチベット仏教の戒律が厳しく，殺生が禁じられている。したがって，目の前に蚊が飛んでこようが叩き殺そうとはしない。おかげで，私もじっと耐え，体中，蚊の餌食になってしまった。

　そろそろ，英語の話に入ろう。

　1年生では週に10コマ，英語の授業が行われている。1コマ40分である。教育改革が行われ，本年から教科書も一新された。1年生の教科書には，以下の文が並ぶ。

Here are some chugoes.　Chugoes are hard cheese.　They are made from yak milk.　They are made in Bumthang, Haa and Laya.

　教師は英語で授業を進め，"What are chugoes made?"などの質問を4問ほど黒板に書いた。

　日本に照らして考えると，中学校2年生程度の内容である。子どもたちは，答えを四線など無いノートに一生懸命書いている。

　次に3年の算数の授業。教科書は英語で書かれ，授業も英語で行われている。教科書の一部である。

If you leave the water running when you brush your teeth, you can waste 20 litres of water.　If you only run the water when you need it, you will use about 3 litres of water.　How much water will you save?

　算数の計算と同時に環境問題にも関連付け，しかも英語。恐るべきブータン。

　続いて，5年の英語の授業。以下が教科書の一部である。日本の高等学校と大差ないことが分かる。

Bhutan has a particular reason to be grateful to the fox.（中略）Heavy snow had totally blocked the passage.　The trail was lost.

　各学年の教科書を見ていくとあることに気付く。内容において，すべてブータンの文化や歴史を扱っているということである。これは，日本以外の国々ではよくあること。日本のように，未だに，10月ともなれば，ハロウィンでカボチャに目鼻を彫り，お化けの格好をしている国など無い。タカアンドトシの「欧米か！」と笑われてしまう。

　日本でも，そろそろコンテンツも含め，独自の英語教育を創り上げていく必要があるだろうと，今回の訪問でも痛感した。

　帰りに，教科書が欲しくなり，無理を承知でガイド氏に掛け合うと，どこからかもって来てくれた。嬉しかったが，後で教科書を開けると，裏表紙に，「この教科書は宝である。むやみに外部に持ち出してはいけない」と書かれてあった。そこで，王宮に向かって，国王に一礼し，ブータン王国万歳と唱える。日が経ち，ブータンへの想いが募る日々である。

第3章 英語教育ここだけの話

2009年1月号

こんな国に誰がした！

　各地の学校を訪問すると，つい涙することがある。年齢のせいだろうか。いやそうではない。子どもたちの目の輝きも，先生方の不断の努力も昔のままである。では，一体何が涙を誘うのか。

　ある農村地域の小学校を訪問したときのことである。そこで目にした英語活動の授業では，先生方手作りの教材・教具が使われていた。しかも，子どもたちが図画・工作で作った作品も教材として使われている。先生は言った。「町や学校にお金がありません。絵の上手い先生や子どもたちの作品を利用しています。」民間から購入したものなどなく，目の前にいる子どもたちのために作成された心のこもった品々が並ぶ。これらが子どもたちの心を動かしているに違いない。お金には代えられない，先生方の熱い思いに一滴(ひとしずく)の涙を流したのである。かつて，私が高校で教鞭をとっていた頃，市販のビデオを使って授業をする場合と自作のビデオを利用する場合とでは，自作の方がはるかに生徒達の興味や関心を引き出すことができたことを記憶している。同じことであろう。

　また，ある小学校を訪問したときのことである。私の某雑誌の連載を，校内研修で読み合わせしているとのこと。「その程度なら，本屋さんで立ち読みすればいいのに」と私が言うと，「この辺には本屋がありません，注文しています」との答え。昨今，地方では様々な商店が姿を消し，生活に支障を来たしている。その最たるものが郵便局である。多くの郵便局が姿を消し，年老いた人々は，郵便や預貯金に苦慮する毎日である。これらも含め，地域間の格差はますます広がる一方である。しかも，この地域格差，教育にも大きな影を落とし始めている。それは，地方の財源不足が原因である。東京都内には，（ネイティブ・スピーカーが絶対ということではないが）公立小学校1校に3名ものネイティブ・スピーカーが配置されている区がある一方，23区外では，ネイテ

ィブ・スピーカーの予算が削られ，月数回の訪問がやっとの市もある。また，全国には，全くネイティブ・スピーカーを雇用できない市町村もある。一体全体，あの小泉改革は何だったのか。小泉改革のもとに痛みだけが残され，地方の教育も疲弊している。トホホである。このように，教育は政治と一体なのである。

　ともあれ，格差だといって，裕福な地域に負けるわけにはいかない。国として最大限の努力をしている（まだ不十分との指摘もあるだろうが）つもりである。特に，教材・人件費等で十分な支援が必要となる外国語活動では然りである。

　その小学校の外国語活動において，『英語ノート』準拠のICT教材として，電子黒板用ソフトが来春各小学校に配布される。このソフトを有効に活用するためには，格差の問題とも闘わなければならない。つまりこうだ。このソフトを起動させるためには，コンピュータ（Windows 2000以上），液晶プロジェクター，コンピュータスピーカーが最低限必要になる。この程度はすべての学校で準備できるであろうが，より効果的に，しかも容易に活用するためには，インタラクティブ・ユニット（10万円程度）や電子黒板（30万円〜）の購入が必要となる。この購入次第で格差が如実に見えてくる。しかし，例えば，ALT 1人を雇用する場合，毎年400万円もの費用が継続的に必要になる。初年度に同額で，電子黒板を，例えば，30万（1台）×13校分購入すれば，2年目からはまたALTのようには毎年経費は必要としない。このように将来的ビジョンに立って，考える必要があろう。

　ともあれ，財源格差を教育格差に結び付けてはならない。「お金のない町に育ったから，夢が持てず，英語もできない」などと子どもたちに言わせてしまったとしたら，それは大人の責任である。

第3章 英語教育ここだけの話

2009年2月号

「ことば」への自覚

　過日，作家で文化勲章を受章された田辺聖子氏と話す機会を得た。テーマは「ことば」。氏は話の中で，「ことばは本から学び，使い方は人と交わることから学ぶ」と話した。また，「多くの異文化と交わることでことばが育つ」とも述べた。ここでいう異文化とは，単に外国の文化や外国人との出会いを意味するものではない。自分以外のすべての人々が異文化であるという考え方に立っている。生活の中で異年齢の人々や大人との交わりで，様々な個性を学び，皮膚感覚で，「このような場合には，ことばをこう使うんだ」「大人はこう言うんだ」と感じながら，ことばを体得していくものであると話した。しかし，今の子どもたちは，本を読まず，人と交わろうとしない。結果，ことばを知らない子どもたち，ことばを使えない子どもたちが育っていると述べた。同感である。

　また，話の中で，漢字についても触れられ，ことばと同様，漢字も本から多くを学ぶとした。その時，私は某国の首相のことを思い起こした。同時に，故横山ノック大阪府知事のことを思い出した。

　十数年前，私が大阪府の指導主事をしていた頃のことである。知事の挨拶文を作成する際には，必ず事務方はすべての挨拶文に出てくる漢字にふりがなをつけていた。当時のワープロは機能がそれほど優れておらず，その作業に多くの時間を費やしていたことを思い出す。しかし，元知事は噺家でもある。ことばの使い方は人一倍優れており，人を魅了する語り口には定評があった。これを英語に置き換えてみると，今の英語教育の課題が明確に読み取れる。つまり，元知事とは正反対の子どもたちを育てようとしているのである。

　先ほどの田辺氏の話を英語教育に照らして考えてみよう。語彙や綴り，文法や表現は，本来，本から多く学ぶものである。しかし，母語ではないため，先生方が日々の授業の中で教えていくことになる。一方，それをどのように使え

ばよいかについては，授業の中で様々な活動を通して習得させていくことになる。しかし，現実はどうか。ことば（語彙，文法等）ばかりを教え，ことばを使えるようにさせていないのが現状である。このことは，多くの中・高等学校での英語授業を見れば分かる。例えば，授業の開始時，先生の"How are you?"に対し，生徒全員が"I'm fine."と答える。お腹が痛くても"I'm fine."，38度の熱でも"I'm fine."，悲しいことがあっても"I'm fine."。トホホである。生徒は質問に対して，何も考えずに，ただ条件反射的に"I'm fine."と答えるのみである。つまり，1つの質問に対して答えは1つ。1対1対応の表現を暗記しているに過ぎず，使い方を習得しているというわけではない。表現を語彙や綴りと同じように扱っているだけである。このような指導ではことばも心も育たない。

　実は，これらの点を課題として，改善を図ったものが，昨年（平成20年）改訂された小学校，中学校，そして，本年改訂される高等学校の学習指導要領なのである。小学校の「コミュニケーション能力の素地」，中学校の「コミュニケーション能力の基礎」，高等学校の「コミュニケーション能力」をそれぞれ養うことで，子どもたちのことばと心を育てようとするものである。欲張りかもしれない。しかし，それほどまでに，今の子どもたちのことばと心が育っていないのが現状である。

　日本語がいくら流暢でも，漢字を読めないのでは笑われてしまう。正しく英語を綴れたとしても，相手に的確に話せないのでは，自分の気持ちが伝わらない。英語教育は，子どもたちの「ことば」を育てるものであることを，再度，意識してもらいたい。

　最後に，再び田辺聖子氏のことばを紹介したい。「頭が働かないと口は働かない」。深いことばである。

第3章 英語教育ここだけの話

2009年3月号

支えてくれる人の温かさに触れる

　私は，かつて，本誌の「英語教育時評」の連載を担当していた時期があった。2002年12月号に「民間は善で，教員は悪か？：政治と企業に翻弄される英語教育」のタイトルで以下の文を綴った。「最近とみに，公教育と企業との交流が盛んである。教員を予備校や民間企業に派遣したり，民間企業人を校長に採用したりと，まるで，学校教育関係者が未熟で，民間企業が優れているかのような錯覚を覚えるほどだ。民間を利用することで，カンフル剤として学校を活性化しようとする意図は分かる。しかし，ここでも教員や教育委員会は惑わされてはいけない。企業（人）の視線の先にあるのは利益であり，明確に数字に現れる業績である。全く異質の教育の世界の中で，生徒の心や数字には現れてこない変化の重みに目を向けることは，かなり困難なことと思われる」。

　この号が店頭に並ぶやいなや，某高校の民間人校長が，突然，教育委員会に現れ，「教育委員会の人間が俺を批判している」と怒鳴りちらした。その日以来，私は，政策（民間人校長導入）を批判したとの理由で，2か月間に渡り，地下の小部屋で毎日反省文をしたためることとなった。しかし，一度も謝りの文は書かなかった。この間，某新聞記者は校長の暴挙を報道し，多くの知り合いは励ましの電話やメールをくれた。

　そして，3月末，申し立ての場で，教育委員会幹部から，「菅ちゃん，謝ることはない。正しいことは正しいと胸を張れ」と言われ，救われた思いで涙が溢れた。その後，同校教諭10人からの人権救済の申し立てにより，この校長は任期を1年残して辞職した。

　また，高校で英語を教えていた頃の話である。道案内のレッスンの際，教室より実体験とばかり，生徒を学校外に連れ出し，道路や駅前で練習させた。そのことが学校で問題になった。「もし，事故が起きたらどうするんだ」と。そ

こまで気が回らなかった。そんな折，校長が，「心配するな。子どもたちにとって，本当に大切なことなら，何があっても俺が責任取る」と言った。嬉しかった。「管理職はこうでなくっちゃ」とますます図に乗り始めた。また，教室から国際電話を生徒にかけさせる際も，後任の校長が，NTTやKDDIに交渉に出向いてくれた。もちろん，校長ばかりではない。共に生徒と向き合った先生方と，苦労を共にしながら生徒のために闘い，生徒のために支え合うことができたことを誇りに思っている。

　昨年4月1日，大変お世話になったある市の教育長が亡くなった。副腎皮質ガンだった。小中連携を推進し，特に小学校の英語活動と中学校の英語教育を連携させようと奮闘努力されていた。ガンと分かり闘病生活を余儀なくされる中，教育に対する熱い思いは消え去ることはなかった。「菅さん，がんばりや」と，いつもベッドから声を出していた。お花の好きな方だった。私はどうしても桜を見せたいと思い，開花するのを待ち続けた。しかし，待てど暮らせど桜は開花しない。体はますます弱っていくように見えた。そこで，考えた。大阪府教育センターの蛭田勲主任指導主事に電話をして，「至急，桜を持ってきて」と。彼は，事の緊急性を理解し，すぐに花屋を探し出し，胸一杯に桜を抱えて病室に駆け込んできた。病室にいた全ての人が泣いた。その夜，病室でその桜を前に花見をした。その時の写真が今も残っている。そして，それから3日後，帰らぬ人となった。

　このように，私は多くの方々に救われてきたと思う。授業も実は一人ではできないと思っている。共に切磋琢磨する仲間，支えてくれる教員集団，管理職。よき理解者である生徒と保護者。この方々がいて授業が成り立つのだろうと思う。目先の技術向上に走るばかりではなく，様々な良き出会いが明日の授業にも直結していることを忘れてはいけないと思う。

第3章 英語教育ここだけの話

2009年4月号

小学校「外国語活動」発進！

　4月より，学習指導要領の移行期間が始まる。これにより，全国の小学校において，「外国語活動」が実施可能となり，自称「何でも調査官」調べによると，ほぼ全ての小学校で取り組むこととなる。取り組みには2つのパターンが見られる。まず一つには，完全実施の平成23年度をにらみ，移行期間1年目に15時間，2年目に25時間，そして，完全実施年に35時間と段階を踏むパターンと，1年目から一気に35時間を配当し，充実を図ろうとするパターンである。今のところ，前者の方が多いように感じられる。

　この導入及び移行期間を踏まえ，文部科学省より，平成21年1月14日（ちなみに，この日は私の誕生日）に，「小学校教諭の教職課程等における外国語活動の取扱いについて」という文書が大学，教育委員会等に通知された。内容は以下の通りである（一部省略）。

1．小学校教諭の教職課程における外国語活動の取扱い

　小学校教諭の教職課程においては，外国語活動に関する指導法を「教職に関する科目」に準ずる科目として，「教科又は教職に関する科目」の中に位置づけた上で，開設することが望まれる。

2．免許状更新講習における外国語活動の取扱い

　免許状更新講習の開設に関しては，外国語活動に関する内容を積極的に取り扱うことが望まれる。

3．その他

　各都道府県，指定都市教育委員会の実施する小学校教諭の採用選考においても外国語活動に係る内容を盛り込むなど，外国語活動の追加に対応した教員採用の実施に努める。

　各都道府県，指定都市及び中核市教育委員会の実施する教員研修においては，

第3章　英語教育ここだけの話

研修計画が教員の経験に応じて実施する体系的なものとして樹立されるべきことに留意しつつ，外国語活動に係る内容を適切に扱うことが望まれる。

　以上のように，文部科学省として，大学及び教育委員会等に働きかけ始めているところである。そこで，お願いしたいことは，大学の先生方には，「外国語活動」の目標や内容を十二分にご理解いただき，学生の誤解を招かないように指導していただきたいということである。間違っても，「英会話」の授業となるような指導はしないようにお願いしたい。教育委員会においては，適切な研修を図るために，指導主事が前面に立ち，効果的な指導を図り，外部講師としては，英語教育を専門とし，特に「児童英語」を標榜する方ではない大学教員等にお願いするのが良い。まさに，指導主事がビジョンを持ち，「外国語活動」に対する考え方がブレず，先生方を安心させ，児童にコミュニケーション能力の素地を身に付けさせることができる教員を育てていただきたいと思う。

　また，文部科学省から，3月末までに，『英語ノート』等の教材が配布されるとともに，4月からは，新たな研究校も始動する。小学校における英語関連の研究校の歴史を辿ると，第1弾は，平成4年から始まる「研究開発学校」（継続中），第2弾は，私が文部科学省に赴任して始まる「小学校英語活動地域サポート事業」（平成17，18年度），第3弾は，「小学校における英語活動等国際理解活動推進プラン」（平成19，20年度）がある。これらは，外国語活動導入に向けた第1ステージであったと言える。そして，導入後の第2ステージとして，平成21年度から，第4，5弾の「外国語活動における教材の効果的な活用及び評価の在り方等に関する実践研究事業」と「英語教育改善のための調査研究事業」が始まる。前者は「外国語活動」の円滑な実施を，後者は将来に向けた英語教育の在り方をそれぞれ研究するものである。これらは，従来のように，学校独自で自由に研究するものというより，全国の小学校の標準化を図るための研究となっている。

第3章 英語教育ここだけの話

2009年5月号

マスコミの怪

　マスコミ関係者に知り合いが多い。その多く（新聞関係者）が共に口にする言葉がある。それは，「新聞は常に攻撃していないといけない。守りが下手で，危機対応ができないから」と。確かにそうである。大手新聞社は自社の不手際や事件に対する謝罪会見でいつもしどろもどろである。攻撃は最大の防御であると考えているのであろう。だから新聞報道に対しては，100％信じてかかってはいけない。

　2月に広島で開かれた教研集会の報道も同様である。ある小学校の先生が，自校の英語活動について発表した。それに対し，朝日新聞は，その先生が，さも英語活動を批判しているかのように書き立てた。しかし，実際は，「様々な課題もあるが，子どもたちが生き生きとし，楽しく活動をしているのを目にすると，やってよかったと思う」と結んでいたのである。しかし，新聞では，その課題のみを取り上げて，「だから，小学校での英語は問題だ」との流れを作り上げた。報道後，先生サイドから朝日新聞に抗議，訂正を申し入れたが，すでに後の祭りである。この点を，他の記者に聞くと，「新聞ではよくあること。記者は取材の前から，ある意図をもって記事にすることを決めている。この時点から思い込みが始まり，それに反する事実や考えには耳を貸さず，自分に都合のよいようにつくり上げていく」とのこと。このことは，行政経験者は日常茶飯事のことと思っている。記者にいくら言っても訴えても無駄であると。なお，この新聞報道後，いわゆる小学校英語反対派は，この記事を引用して，「だから，反対だ」と繰り返した。浅はかである。真実を判断せずに，軽率に報道に頼ったかたちで論理を組み立てているのである。

　学校や行政に取材依頼があった場合，まず，記者に何を取材したいのかではなく，どのように記事にしたいのかを尋ねることである。そして，望むような

情報(ただし,上手く内容を精査したもの)を提示することが,マスコミを上手く利用する術である。これをひとつ間違えば,ひどいしっぺ返しを受ける。彼らはそれぞれの事案に長けてはいないが,プライドは高く,また,報道は正義と思い込んでいるところがある。上手く彼らと付き合い,上手くマスコミを利用することである。

　次は,数年前の出来事である。NHK(東京)が小学校の英語教育に関する報道番組を制作することになった。そこで,ある北陸の都市にある小学校に取材に入った。その日は,たまたま児童英検の受験日に当たり,それもカメラに収めることになった。あるクラスに入ったとき,ディレクターとカメラクルーは目を疑った。担任が,隠れるように子どもたちにテストの答えを教えているのである。早速,それもカメラに収めた。その後,その先生に理由を尋ねると,「子どもたちの成績が悪いと教育委員会から呼び出しを受ける」とのこと。それが嫌で答えを教えたという。先生の気持ちも分からないではないが,あってはならないことである。しかし,問題はそれからである。この映像を,NHK(東京)は報道の使命から,是非流したいと主張したが,NHK(地方局)が断固として拒否したという。というのも,今後,この市との関係が悪化し,様々な取材拒否に遭うかもしれないと恐れたのである。

　このような事例は枚挙にいとまがない。つまり,我々はどのように報道を捉えるかである。すべてを鵜呑みにするのは危険である。特に教育に関しては注意が必要である。外国語活動導入にあたっては,当初様々な報道がなされたが,記者たちとの人間関係を築くに従って,彼らが味方にもなり,時には支援もしてくれた。行政側はこれらのことを肝に銘じて,真実を報道してもらうために,報道関係者と人間関係を築くことから始めることが大切である。

第3章 英語教育ここだけの話

2009年6月号

私ごとですみません

　この3月31日をもって，文部科学省初等中等教育局教育課程課教科調査官並びに国立教育政策研究所教育課程研究センター教育課程調査官の職を辞した。文部科学省着任4年目満了での辞職である。この4年間は，長いような，あっという間のような複雑な感覚である。ただ，この間，日本の英語教育の流れが大きく変わったことは確かである。特に，小学校に「外国語活動」を導入することができたことは大きなことであろう。しかし，このことが，日本にとって，あるいは子どもたちにとって本当に良かったのかどうかは，これからの歴史が証明してくれることとなる。多くの方々から，「NHK『その時，歴史が動いた－平成20年3月28日－』なる番組が50年後にあったとしたら，今後の外国語活動（英語活動）の成否によっては，菅さんがヒーローにも犯人にもなるね」との温かい？　言葉をいただく。しかし，導入した限り，子どもたちのために必ずや成功させなければならない。ところで，私が，文部科学省に赴任した時点では，小学校での外国語活動など影も形も無く，しかも導入を図るかどうかも，全く決まっていない段階であった。しかし，この段からの動きがすごかった。私は，大阪府教育委員会勤務から，延べ12年間，行政に籍を置いた。その中でも，この4年間は人の能力のすごさを実感することができた。それは，文部科学省の事務方の有能さである。マスコミでは，目の仇のように省庁の官僚の悪口が述べられているが，しかし，実際目にする彼らは好人物で，筆舌に尽くしがたいほどの働き振りである。私が英語教育で直接関わった人だけでも，常盤氏，高橋氏，合田氏，増子氏，森友氏，神山氏，岩井氏，川村氏，中安氏，北岡氏等々がいるが，彼らは毎日，深夜に及ぶほどの仕事をこなし，子どもたちのために日夜努力をしているのである。私は元来，口が悪く，決して人を褒めない性格ではあるが，彼らは常に「子どもにとってどれが一番良いのか」で判

断しているところが，信頼がおけると思った点でもある。

　ある時，予算折衝にかの高橋氏，川村氏と財務省に出かけたことがある。『英語ノート』の予算を渋る財務省の10数歳年下の30代キャリア官僚に対し，高橋氏と私は，机に頭を擦り付けんばかりに（これで，私の髪の毛が１／３に激減），何度も頭を下げ，何とか予算を獲得することができた。このようなことは文部科学省の日常茶飯事のこととして繰り広げられている。様々な文部科学省批判や政策批判は目にするが，内部を見た自分にとっては，「何も知らないのによく書くね」と思ってしまう。特に大学の先生方の内容は浮世離れ，もう少し勉強してよね，と思うことさえある。批判することは簡単である。ただ，その批判の代案を明確な数字とともに出していただかないと，「単なる文句言い」としか映らない。

　さて，私が在籍した４年間で，私自身が特に変えてよかったと思っている点が実は２点ある。１点は，『英語ノート』を配布する前に，試作版を作成し，全国の小学校の先生方に意見を聞いたことである。今まで国からの配布物は，一方的に送付するのが常だったらしい。それを，様々な角度から意見を聞いて，改善を図ることができたことは，「みんなで良いものを作りたい」との思いからである。２点目は，私の後任に，本誌でもお馴染みの直山木綿子氏を招致したことである。実は，文部科学省の調査官としては，家庭科及び幼稚園担当以外での女性調査官の任用は歴史始まって以来のことである。女性の社会進出が叫ばれる昨今，女性調査官としての活躍も期待したいところである。

　さて，私は，今後，大学に籍を置きながら，少し責任の無いところで，再び，英語教育に対して吠えていこうと思っている。ただし，代案を出しながら。

第3章 英語教育ここだけの話

2009年7月号

アナログ時代とデジタル時代(1)

　時はデジタルの時代である。

　英語教員にとって，英語の音声をどの媒体を使って生徒に聞かせていたかで年齢が分かれる。50～60歳代をカセットテープ世代とすれば，80年代にCDが開発・量産されて以降の20～40歳代をCD世代と呼ぶことができる。テープの頭出しに時間がかかり，時間のロスが多かった時代を考えれば，CDの時代は隔世の感がある。

　しかし，ここに来て社会のデジタル化が急ピッチに進んでいる。実際，小学校外国語活動の導入により，全国の小学校には『英語ノート』付属の電子黒板用ソフト（デジタル教材）が配布された。この状況を想定して，大阪府教育委員会は中学校を対象として，「デジタル教材を活用した指導方法の工夫改善に関する実践研究」（平成19年3月）を行っている。この最終報告書が非常に興味深い。

　これは，ある中学校で5月からデジタル教材を使用して授業を行ったクラス（A群）と，使用せずに授業を行ったクラス（B群）との，2学期期末考査（11月末）での得点の比較を行ったものである。その結果，全ての観点でデジタル教材を使用したクラスの方が上回っている。

　分析によると，特に表現をみる英作文の問題では約5点の差が出ている。これはデジタル教材を使用することで，学習の動機付けと授業への積極的な参加を促した結果だと説いている。つまり，視覚教材に興味を示して，積極的に参加することによって，発話量や発表回数が増え，自分で表現する態度が養われたとの分析である。確かにそうかもしれない。今の子どもたちは，テレビやビデオ，コンピュータゲームなどで視覚から多くの刺激を受けているからなのかもしれない。

　もう一つ，面白い調査がある。何とも大阪らしい発想ではあるが，実は，これは，私が切望して調べてもらったものである。

第3章 英語教育ここだけの話

　教員は，授業を効果的に実施するために事前に様々な教材や教具を作成する。例えば，Picture Cards, Sentence Cards, Flash Cards など。これらの制作には膨大な時間がかかり，紙代などの経費も馬鹿にならない。そこで，デジタル教材を使用した場合と手作り教材を作成した場合との費用と準備に要した時間の比較を行ったものである。デジタル教材の費用は，ハードさえあればソフト代金のみ。一方，手作り教材は，紙代や様々な文房具も含め，デジタル教材よりも35,190円も余分にかかっている。準備時間も4,320分も多い。この差には驚くばかりであるが，このデータをコツコツ調べた先生にも頭が下がる。

　以上のデータを見ると，デジタルの圧倒的な勝利にも見える。しかし，そうか。私自身は英語教育に限らず，言語教育はアナログの世界であると思っている。生の人と人とのコミュニケーションが人を育てるのである。だが，効率的に特別な部分を育成するというのであればデジタル教材も有効であろう。つまり，どの活動にデジタルを使用するか。しかも，効率よく効果的に活用するか。デジタルに教員が振り回され，機器のボタンを押すだけの先生になっては，真に人を育てることなどできないのである。次回はアナログの利点の例を示す。

表1　2学期期末考査結果（中1：266人）

観点	理解			表現	言語	素点
配点	50	聞く(30)	読む(20)	20	30	平均
A群	34.8	23.5	11.3	11.6	18.4	64.8
B群	32.9	22.3	10.6	6.5	18.3	57.7
差	1.9	1.2	0.7	5.1	0.1	7.1

表2：年間の教材費と教材準備時間

	費用	時間
デジタル教材を使用した場合	63,000円	0分
手作り教材を使用した場合	98,190円	4,320分
差	35,190円	4,320分

第3章 英語教育ここだけの話

2009年8月号

アナログ時代とデジタル時代(2)

　先日，ある方の娘さんのバレエ発表会があった。曲は"The Typewriter"。曲の中に，タイプライターを打つ音，リターン音"チン"が流れ，それに合わせて，タイプライターを打つ仕草をするシーンがあった。しかし，その娘さんは幾度と練習しても，タイプライターではなく，コンピュータのキーボードを打つ仕草になってしまう。そこで，タイプライターを実際に打たせたいとの連絡をいただき，私は，早速埃をかぶったタイプライターを探し出した。考えてみれば，かれこれ20数年，このタイプライターには触れていない。英語教育を担う者にとっては，英文を表記する際，おおよそ，手書き，タイプライター，ワープロ，PCの時代を経てきたと思われる。娘さんは，実際にタイプライターを打って，その指感覚，印字の温かさ，"チン"の音の心地良さを感じ取ったとのことで，発表会では，見事にそのシーンを演じたとのことである。このように，我々は，アナログからデジタルに進化？する時点で，おそらく多くのものを失ってきているのではないだろうか。特に，人間の五感に関する面では顕著であろう。

　福岡県大牟田市立明治小学校での「英語活動」の授業を見た時のことである。小学校6年生が，『英語ノート2』「自分の一日を紹介しよう」の単元で，電子黒板を使用しながら，世界の子どもたちの生活時間について学んでいた。クラス担任は，「日本では今，学校で勉強しているけど，他の国の子どもたちは何をしているのかな」などと考えさせながら，画面に注目させていた。また，子ども同士でのコミュニケーション活動として，起床時間や登校時間，夕食時間や入浴時間などをそれぞれにインタビューし合っていた。子どもたちは，教室内を所狭しと駆け回り，多くの子どもたちとコミュニケーションを図っていた。授業の終わりに担任は，「今日の授業で知ったこと，感じたことは何か」と尋

ねると，ある男の子が，「世界には時差があることを感じました」と答えた。担任は，「時差があることは知っていたの」と再び尋ねると，「はい，知っていましたが，（電子）黒板で，時差の感じが分かりました」と。また，ある子は，「友だちの生活リズムが分かりました」と答えた。「どういうこと」と尋ねると，「友だちの普段知らなかったことを知ることができました。」と。この2人の子どもたちの発言から分かることは，授業の中で，デジタルの役割，アナログの役割は明確に分けられているということである。このことを意識しないで授業をすると，それぞれの効果は期待できないのである。

　次に，授業者を見た場合でも面白い経験がある。これは，ある高校での話である。担当教師は，授業を効果的に進めるために，様々なデジタル教材を利用していた。ある時，コンピュータとプロジェクターを使って，新出単語をフラッシュカードのように画面に投影して，生徒に練習させていた。すると，途中で機器が不具合を起こし，ウンともスンともいわなくなった。教師は慌てて，機器を直そうとするが，一向に動かない。そのうち，教師は諦め，教科書とチョークで授業を始める。しかし，これまでのデジタル教材での授業に慣れた者にとっては，まさに，初任者が授業を行うように，どことなくチグハグで，生徒との阿吽の呼吸もない。その後，教師は述懐する。「最低の授業でした。自分は機械に頼りすぎて，本来の教えるという基礎基本を忘れていたのかもしれません」と。このようなことを言える教師である。能力は高いと思う。決して機器に子どもたちを委ねてはいけないという金科玉条の言葉である。

　アナログの授業で子どもたちの五感を育て，デジタル機器をもって，効果的に知識の量を増やす。しかし，あくまでも教師の基礎基本はアナログの授業である。このことを忘れてはいけない。

第3章 英語教育ここだけの話

2009年9月号

教員免許状更新講習に思う―岩手県方式のすすめ―

　本年度より，全国で教員免許状更新講習が開始され，多くの大学等での講習内容や実施状況の情報が届くようになった。受講した先生方からは，「改めて教員として多くのことを学ぶことができた」「久しぶりに大学の怠惰な授業を受けて，大学生に戻った感じだ」「まったく，授業の参考にならなかった」「生涯学習として価値はあった」などなど。成果はまだ見えてはこないが，教員が学ぶという姿勢は大切にしたいものである。しかし，他の教科はいざ知らず，英語教員にとっては，「英語が使える日本人の育成」の行動計画による5年間の悉皆研修が終わってまもなくの実施である。不運ととるか，研修機会を得ることができた貴重な時間と見るか，人それぞれによって異なるであろう。

　多くの大学での講習を見ると，残念ながら，3万円という受講料に見合わない内容も見受けられる。しかし，大学にとっては，この一人3万円の受講料は貴重な財源であることは確かである。ならば，講習内容を厳しく見直すシステムが必要になろう。受講者の先生方を満足させる講習。これなくしては，免許状更新講習は形骸化に向かうことは確かだ。まるで，全国の高等学校に総合学科ができ始めた10数年前を思い出す。多くの科目を開講し，生徒に選ばせる。しかしその開設科目は教員が指導できる内容に限られていた。これで，本当に子どもたちのニーズに答え，しかも，学力や生きる力を向上させることができたのだろうか。まさに，更新講習が，この状態ではないか。本当に，先生方の貴重な時間と貴重な3万円に応えているものかどうか，今一度，大学当局は講習を評価して改善に努めてほしいと思う。

　そんな折，岩手県の更新講習に呼ばれた。岩手県はかつて高等学校の入試において，全国で初めて受験者全員にスピーキングテストを実施した県である。私は，都道府県の中でも，特に岩手県の英語教育に注目している。そんな中，

またまた，驚くべきことをしてのけた。な，な，なんと，47都道府県の中で唯一，岩手県だけが大学に更新講習を任せず，教育委員会と教育センター自らが中心となって，講習を実施しているのだ。

　研修名は，「授業力向上研修（免許状更新講習）」である。この研修を県の悉皆研修とすることにより，受講料は県費とし，交通費及び宿泊費等も支払われることになった。これがなぜできたのか。指導主事等の仕事量が増えることや煩雑な事務仕事も行政がしなければならない。この点を岩手県立総合教育センターの藤原忠雄所長に尋ねた。「岩手県は面積が広い。もし，先生方に受講料や交通費，宿泊費を負担してもらうことになれば，中心地の盛岡近隣の先生方が得をし，盛岡から車で4，5時間かかる場所やへき地から来る先生方と，金銭的な格差が生じる。そこで，費用一切はこちらが持つことにした。しかも，先生方の授業力，指導力について，教育を司る教育委員会が責任を持たずに，大学に任せきるということは，県として責任の回避ではないか」とおっしゃった。感動した。ここまでやるかとも思った。

　総合教育センターには，全県から教育委員会関係者，講師など集まり，様々な内容を指導していた。ここからがポイントである。それぞれの内容について連携が図られ，オムニバスのようにはなっていない。例えば，34歳の教員は「実践的指導力の充実期」，44歳は「ミドルリーダー能力の発揮期」，55歳は「総合力の発揮期」として，体系付けられ，講習が行われている。このビジョン！　これが特に教員免許状更新講習には必要なのではないか。各大学も岩手県方式に学ぶべきものがあるだろう。そんなことを感じさせる講習であった。この原稿は，総合教育センターを後にし，興奮冷めやらぬ状態で，東北新幹線の車中で書いている。

消えた到達目標 ―中学校新学習指導要領―

平成20年3月28日に改訂された中学校学習指導要領。一般には，授業時間数の増加（週3時間から週4時間）と，指導する語数の増加（「900語程度まで」から「1200語程度」）に注目が集まりがちであるが，しかし，それ以上に，中央教育審議会教育課程部会で検討され，学習指導要領に大きな変革がもたらされようとした事柄（すでに公開済み）があったことをご存知だろうか。

それは，到達目標の数値化である。これは，「義務教育終了段階の子どもたちに身につけさせたい能力をどのように考えるべきか」との課題から，全ての教科において，到達目標を数値化し，それに向かって，具体的な指導方法及び指導内容を確立するとの考えから，学習指導要領作成過程において，検討されていたのである。

新しい学習指導要領をご覧頂きたい。「第2　各言語の目標及び内容等」の「2　内容」「(1) 言語活動」には，4つの領域「ア　聞くこと」「イ　話すこと」「ウ　読むこと」「エ　書くこと」の内容がそれぞれ(ア)〜(オ)で示されている。その中にあって，(オ)は，まさに，数値化された到達目標から，数値だけが抜け落ちた形となっている。具体的に見ていこう。「ア　聞くこと」では，「(オ)　まとまりのある英語を聞いて，概要や要点を適切に聞き取ること。」，「イ　話すこと」では，「(オ)　与えられたテーマについて簡単なスピーチをすること。」，「ウ　読むこと」では，「(オ)　話の内容や書き手の意見などに対して感想を述べたり賛否やその理由を示したりなどすることができるよう，書かれた内容や考え方などをとらえること。」，そして，「エ　書くこと」においては，「(オ)　自分の考えや気持ちなどが読み手に正しく伝わるように，文と文のつながりなどに注意して文章を書くこと。」となっている。当初の数値を加えた案では，「ア　聞くこと」は，「(オ)　<u>1分間150語程度の速さのまとまりのある英語を聞いて，</u>

概要や要点を適切に聞き取ること。」,「イ　話すこと」は,「(オ)　与えられたテーマについて,1分間程度のスピーチをすること。」,「ウ　読むこと」は,「(オ)300語程度の英語を読んで,話の内容や書き手の意見などに対して感想を述べたり賛否やその理由を示したりなどすることができるよう,書かれた内容や考え方などをとらえること。」,そして,「エ　書くこと」は,「与えられたテーマについて5文程度で,自分の考えや気持ちなどが読み手に正しく伝わるように,文と文のつながりなどに注意して文章を書くこと。」となっていた。つまり,中学校卒業段階で,

① 　1分間150語程度の速さの標準的な英語を聞き取ることができる(聞くこと)
② 　与えられたテーマについて,1分間程度のスピーチができる(話すこと)
③ 　300語程度の英語を読んで,概要をとらえることができる(読むこと)
④ 　与えられたテーマについて5文程度のまとまりのある英文を書くことができる(書くこと)

ことが求められるということである。

　このように,到達目標を数値化することは,中央教育審議会教育課程部会や外国語専門部会でも,大いに歓迎された。「目標が明確になって,指導がしやすくなる」「到達できていない生徒のケアが充実できる」などの意見が出された。しかし,最終的には,他教科との調整,到達できない生徒への保障等の課題をクリアできないまま,数値だけが消え去ることとなった。これは,非常に残念なことである。指導する際,明確な目標,具体的な数値が示されることは,指導のベクトルが明確になり,無理・無駄が省かれていくことが予想される。この点は,次期改訂に期待したいところである。なお,数値を見て,到達目標が高すぎることに気付かれた方も多いと思われる。もちろんこれには訳がある。この点については,またの機会にお話したい。

第3章 英語教育ここだけの話

2009年11月号

国語教育担当者への書簡（エールとして）

　前略　突然のお手紙お許しください。
　英語教育を担当するものとして，国語教育に携わる方々に，是非お聞きいただきたいことがあり，筆を取った次第です。
　私はかつて高等学校で英語科を担当しておりました。その時から思い続けていたことがあります。それは，「なぜ，国語科のツケを英語科が払わなければならないのか」ということです。英語教育においては，平成の時代に入り，コミュニケーション能力の向上を謳うようになり，例えば，「話すこと」「聞くこと」を中心としたコミュニケーション活動や，ディスカッション，プレゼンテーション，ディベートなどの討論，発表なども積極的に取り入れるようになりました。一方，国語教育も，かつては文学作品やエッセーなどの読解が中心で，作者の意図を読み取ったり，状況を読み解くことに時間を費やし，それらが入試に出題されていましたが，最近は教科書にもディベートやプレゼンテーションの活動が盛り込まれるなど，ずいぶん変わってはきているように感じます。しかしいまだに，生徒や学生は依然として「話すこと」「聞くこと」を十分に学習してきてはおらず，また，人前で発表したり，討論したりすることにも慣れていません。母語としてのコミュニケーション能力の基礎基本が不十分な状況で，英語でこの点を向上させようとすることは，あまりにも困難を要します。英語の教員からは，「国語科でもできていないのに，英語科ではもっと難しい」と言われる所以です。
　ところで，今回の学習指導要領の改訂においては，全教科全領域において，言語力の育成が謳われています。もはや，子どもたちの言葉の問題は国語科だけではどうにもならない問題となっています。悪い言い方をすれば，もう国語科だけに任せてはおけない状況だということです。平成19年1月26日に出され

た中央教育審議会の第3期教育課程部会の審議の中にも,「言葉は,思考力や感受性を支え,知的活動,感性・情緒,コミュニケーション能力の基盤となる。国語力の育成は,すべての教育活動を通じて重視することが求められる」とあります。また,平成20年1月17日に中央教育審議会から出された学習指導要領の改善についての答申の中では,「国語は,コミュニケーションや感性・情緒の基盤である。自分や他者の感情や思いを表現したり,受け止めたりする語彙や表現力が乏しいことが,他者とのコミュニケーションがとれなかったり,他者との関係において容易にいわゆるキレてしまう一因になっており,これらについての指導の充実が必要である」とさえあります。課題山積なのです。

　加えて,小学校学習指導要領に新しく外国語活動が導入されることに異を唱えた全国紙の一部(朝日新聞,読売新聞,産経新聞)は,社説で「英語より国語が大切だ」「まずは国語から」「必修化して国語力は大丈夫か」と論じています。これを読んだ国語を専門とする方々はどう思われたのでしょうか。まさに,これらの論拠は国語教育への不信でしょう。もし,私が国語教師だったら,怒りを覚えていたかもしれません。今まで指導してきた国語が,週1回程度の外国語活動の導入で,学力が下がったり,定着度が低下したりするなどと言われていること自体許せないことであり,データもなく易々と社説で意見を述べるマスコミの姿勢にも疑問を感じずにはおられません。当然,これらの社説を読んだ国語教育担当者は異を唱えるものと思っていたのですが,どなたも表立って声を上げる方はいらっしゃいませんでした。残念至極でなりません。国語教育あっての英語教育なのです。

　取り留めのない話ばかりを書きました。最後までお読みいただきありがとうございました。草々

第3章　英語教育ここだけの話

2009年12月号

研究会のキーワードは'RENKEI'

　秋の研究会シーズンが到来した。全国各地の研究会にお邪魔すると，今年の特徴として，「小中連携の在り方」「中高連携でコミュニケーション能力の向上を図る」「小中高連携の重要性」など，校種間連携をテーマに謳ったものが多い。確かに，小学校に外国語活動が導入されたことは，中高の英語教育にとっては，未知の部分ではあるが，少なからず影響を受けそうである。

　10月29日，私は新潟県の長岡市三島郡英語活動・英語教育研究会でお話をさせていただいた。テーマは，「小学校外国語活動（英語活動）の在り方と小中の連携～コミュニケーション能力向上のための指導法を通して～」である。テーマもさることながら，研究会の名称が「英語活動・英語教育研究会」である。つまり，研究会自体で連携が図られているのである。このパターンは全国でも珍しく，今後，このような研究会に移行することは想像されるが，現状は，いわゆる，○○市中英研（中学校英語研究会）や，○○県高英研（高等学校英語研究会）に分かれて活動がなされている。これでは，それぞれ連携について話し合われたとしても，他の校種が見えない一方通行的なものになりかねない。長岡市の研究会に話を戻そう。この研究会の会長は中学校の校長先生，副会長は小中それぞれの校長先生である。研究会の名称を変更したのは最近のことで，参加者は小中の教員，教育委員会関係者で，長岡市の子どもたちのコミュニケーション能力をどのように育てていくか真剣に話し合われていて，先生方の非常に熱い想いが感じられた。

　一方，中高連携を早くから推し進めているのは大分県の研究会である。こちらの英語研究会は，当初より中高が一緒になって研究会を運営し，研究を続けている。今後は，小学校も視野に入れていくとのことである。

　ともあれ，小中，中高のそれぞれの連携はそう生易しいものではない。ある

東京都内の小中一貫校では，一つの校舎に同居はしているが，すでに「家庭内離婚」状態だという。このように，校種が異なれば文化も異なる。そこをどう調整し一本化していくか。特に英語教育においては，これからが正念場である。

　では，どのような点に注意すべきか。まず，長岡市や大分県のように，研究会を一緒に立ち上げることである。別居や離婚は結果だが，それ以前に，お互いを知る機会が必要である。まず，そこからである。次に授業を実体験してみること。対象となる児童，生徒はどのようなものか，感覚的に知ることが必要である。そして，中学校区，地域等で，連携あるいは一貫を視野に入れたカリキュラムを作成し，加えて，教員の校種間の相互乗り入れを図ることである。その際，小学校の先生方は英語教育の専門家ではないが，だからといって侮ってはいけない。授業のマネージメント，子どもたちの指導においては，真のプロであり，学ぶべき点は多い。

　ともあれ，連携は一筋縄ではいかないように思われる。ただ，私は楽観視しているところもある。特に小中連携を考える際，来年（平成22年）度が検定の年に当たる中学校の教科書のことを考えると，予想ではあるが，教科書各社は，『英語ノート』を念頭に中学校１年時の導入部分を作成し，小中連携を想定したものを出してくると思われる。つまり，先生方が教科書を使うと，おのずと連携が図られることにもなる。

　さて，今回のテーマ 'RENKEI'。なぜ，連携とせずに 'RENKEI' としたのか。それは，並べ替えると 'KIRENE' となるからである。まさに，連携は「切れね（切れない）」関係（岩手弁）なのである。それをもじったのだが，今回も，オチていないか。残念。

第3章 英語教育ここだけの話

2010年1月号

国家百年の計

　新聞等で驚かれた先生方も多いことと思う。行政刷新会議第3WGは事業仕分けで，文部科学省が日本の英語教育の改善策として予算要求した「英語教育改革総合プラン」を「廃止」と打ち出したのである。この「英語教育改革総合プラン」とは，小学校における外国語活動の共通教材「英語ノート」等に係る経費，外国語活動の完全実施をスムーズに行うための実践研究，英語教育を今後小学校低中学年から実施したり，より多い授業時間数（週1時間以上）で実施したりする研究開発学校の指定・支援，また，小中高の次期学習指導要領の改訂（小中は平成20年，高は平成21年に改訂された学習指導要領の次なる改訂）に向けたデータ収集のための研究開発校等の経費など，国の言語政策としての外国語教育に係る一切合切の経費をゼロとするとしたのである。このような国がどこにあろうか。国策として，次代を担う子どもたちのために国が責任を持って言語教育を推し進めているのが世界の潮流である。EUの国々しかり，近隣の国々においてもしかりである。例えば，韓国では，イ・ミョンバク大統領のもとで，2008年には「すべての生徒が高校を卒業さえすれば基本的な英語での日常会話ができるよう新政府の5年間で4兆ウォンを投入する」として，教育予算における英語教育の割合を高くしている。日本は，それと全く異なる動きをしようとしている。専門家でない人が短期間で出した意見で，日本の将来をつぶしてよいものだろうか。

　行政経験者であればお分かりと思うが，一度予算がゼロとなると，次年度新たに同様の予算を計上しようとしても，予算化されるのはほぼ不可能に近い。つまり，今回の「英語教育改革総合プラン」の予算がゼロということは，今後，日本の英語教育において，国として予算化を図ることは難しいということを意味しているのである。まさに，日本の英語教育の終焉である。しかも，次期学

習指導要領のための予算も認めないとなれば，国として，どのように言語政策を主導していけばよいのであろうか，まさに暗中模索の状態が続くのである。あれほど中央教育審議会で討論され，小学校に外国語活動が導入され，中学校の授業時間数が増加され，そして，高等学校の科目名が一新され，まさに，日本の子どもたちのために英語教育がこれから改善されようという矢先の仕分けである。非常に残念で仕方がない。後は，予算化のために文部科学省が財務省を納得させられるか，または，強い政治判断が行われるかである。

よく，「教育は選挙の票に結びつかない」と言われる。選挙に勝つには，テーマを教育に絞っては票が増えないということである。だからこそ，予算もジリ貧なのであろう。ここは，政治家として，目先のことにとらわれず，10年後，20年後の日本の子どもたちのために，正しい言語政策への政治判断をしてもらいたいと切に思う。

この仕分けの報道がなされて以来，多くの先生方，行政関係者，英語教育学会，民間企業等から，文部科学省及び内閣府に対し，再考の要望や意見，陳情書等が送られているとのことである。まだまだ民意は死に絶えていない。民意を大切にする政権であればこそ，再考を願ってやまない。

OECD加盟国の内，GDPにおける教育費の割合は，先進国中，日本が最下位クラスである。また，小泉改革で地方が疲弊し，財政格差が教育格差を生み，教育格差の中でも，ALTの雇用や電子黒板等のICT関連の設備費等，英語教育にかける予算の格差が顕著になっている。そんな中での仕分けである。これでは，ますます，格差を生み出すことになる。

国家百年の計とはよくいったものである。我々は決してこの日を忘れてはいけない。日本の英語教育が危ないだけではなく，日本そのものが危ないのである。

第3章 英語教育ここだけの話

2010年2月号

コミュニケーションの真髄
―心が動く，心を交わす，心がつながる―

　ある小学校を訪問したときのことである。校長先生と外国語活動の授業を見学に教室に向かう。ふと校長先生の手元を見るとカメラがある。授業でも撮るのであろうか。授業が始まると，校長先生は，子ども同士の会話シーンをパチパチと撮っている。そのときは積極的に話す子どもたちを撮っているのであろうと思った。しかし，授業が終わって，話を聞いて驚いた。「あれは，普段話さない子どもたちが，外国語活動になると，好きな異性に積極的に話しかけている姿を撮っていたんですよ。その写真を基に，子どもたちと内緒話をして，心を交わすんです」と。そこで思い出した。私がある出版社でボツになった原稿がある。その原稿は以下である。

　―こんな子どもがいてもいいですよね―
　雅治は由香にほのかな恋心を抱いていた。しかし，自ら由香に話しかけることはなかった。これが初恋というものであろうか，経験のない雅治には，心の中で何かモヤモヤするものを感じた。
　しかし，転機がおとずれた。外国語活動である。無邪気にコミュニケーション活動をするクラスメイトをよそに，いかに自然に由香の前で振る舞い，由香から多くの情報を引き出すか。しかし，毎回毎回，由香とペアになると，鈍感なクラスメイトにも気付かれる。せいぜい，2回に1回の割合で話しかけよう。そして，自分のことをしっかりとPRしよう。そんなことを夢に描いた。
　そんなある日のこと。外国語活動の時間に先生が，「今日は，好きなことを相手に尋ねたり，伝えあったりします。英語ではDo you like ～? I like ～. といいます。I like cake. Do you like cake?」などと言っている。これは千載一遇のチャンス。由香にいろいろ聞きたい。自分を知ってもらいたい。もう先生

の言葉は耳に入らない。

　「じゃあ，みんなでやってみましょう」。雅治は，「よ～しっ」と自らを鼓舞し，立ち上がった。そして由香を探す。「いた！」。由香の周りには子どもたちが群がっている。由香は，クラスの人気者である。「なかなかたどり着きそうもないな」と思った雅治は，由香に話しかける前に，誰かに話しかけようと思った。練習にもなる。近くに麻衣がいた。クラスではあまり目立たない存在である。雅治は一度も会話を交わしたことがない。

　"Hello, Mai. Mai, do you like cats?"

　"No, I don't. I like dogs."

　"Oh! Me, too. I have a dog, Pochi."

　"Pochi? I have two dogs, Chiko and Chako."

　雅治は，心の中で思った。「麻衣とは，今まで話をしたことがない。でも，こんなに素直でこんなにやさしい子なんだ」「話をすると，相手のことがよく分かる」。由香は確かに憧れだ。でも，ひょっとしたら一目ぼれかもしれない。話すとどうか分からない。麻衣はどうか。話をすると，とっても心が温まる。そうだ，もっと多くのクラスメイトと話をしよう。きっと，知らないことがたくさんあるにちがいない。逆に，僕のことも誤解されているかもしれない。ことばで友だちをつくろう。みんなとつながろう。」そう思いながら，元気よくクラスメイトの輪の中に入っていった。そこには，"Hello!"と心なしかさっきより大きな声で挨拶する雅治がいた。

　こんな小学生がいてもいいですよね。

　小学校では，「心が動く」「心を交わす」「心が通う」「心がつながる」など情緒的な表現を好んで用いる。他の校種や業種では，なかなか受け入れられない表現かもしれない。しかし，実はこれがコミュニケーションの真髄なのではないだろうか。コミュニケーションとは，「話したい，聞きたい」という心が動き，それが人と人とを結び，そして，心を1つにつなぎ合わせるものなのである。それが，豊かな言葉を育て，人間関係を円滑にするのであろう。

第3章 英語教育ここだけの話

2010年3月号

Good-bye －¡Hasta la vista!－

　薬師丸ひろ子は，さよならを「再び会うまでの遠い約束」と歌った。私事ながら，今回で足かけ9年間にも及ぶ連載を終えることとなった。2001年より「英語教育時評」（全24回），2005年より「菅先生に聞こう授業の悩みＱ＆Ａ」（全35回），2008年より「英語教育ここだけの話」（全24回）と続けた。今思うと，よくもまあここまでネタがあったものだと我ながら寒心する。しかし，ここまで続けてこられたのも，大修館書店の心優しき編集スタッフの支えと（日本一の編集者泣かせ），全国の先生方の心温かい叱咤激励があったからこそと思っている。心より感謝したい。今振り返ると，一番の思い出は，これらの連載が，様々な場所で話題として取り上げられたことである。学校，教育委員会はもとより，文部科学省，全国指導主事連絡協議会，校長会，市議会等でも取り上げられ，良い意味でも悪い意味でも，英語教育改善に一石を投じることができたのではないかと思っている。反面，この記事が災いし，私自身が謹慎処分を受けることもあった。それは，「英語教育時評」の『民間は善で，教員は悪か』でのこと。某民間人校長の話題を出し，民間人と教育関係者との考え方の相違について述べたのであるが，当の本人はこれを誤解し，教育委員会に怒鳴り込むことになる。しかし，ここでも多くの関係者に支えられ，この難局を乗り切った。結果，この校長は任期を全うせずに自ら招いた諸問題から辞表を提出することとなる。まさに時評が生んだ辞表である。

　また，この期間，様々な場所で多くの英語教育関係者と出会い，話を聞き，授業を見ることで，日本の英語教育の課題が見え，改善したいとの思いに駆られた。そして，この思いを，新しい学習指導要領に色濃く反映させることができた。元来，私は日本の英語教育の真髄は，昭和22年3月20日に出された戦後初の学習指導要領英語編（試案）にあると思っている。今でも，これが，私の

座右の銘とも言えるものである。それは，以下である。

英語で考える習慣を作ること

　英語を学ぶということは，できるだけ多くの英語の単語を暗記することではなくて，われわれの心を，生まれてこのかた英語を話す人々の心と同じように働かせることである。この習慣（habit）をつくることが英語を学ぶ上で最初にして最後の段階である。

　英語で考えることと翻訳することとを比較してみよう。前者は英語をいかに用いるかということを目標としているが，後者は古語を学ぶように，言語材料を覚えることに重点をおいている。前者は聞き方にも，話し方にも，読み方にも，書き方にも注意しながら英語を生きたことばとして学ぶのに反して，後者は書かれた英語の意味をとることのみにとらわれている。ここにおいて，英語で考えることが，英語を学ぶ最も自然な最も効果的な方法であることは明らかである。

　この文を読んでも，約60年前に出されたものという感覚はない。今でも十分に通用する。しかし，全国の学校を見渡すと，未だに古語（例えばラテン語）の授業かと見間違うものが存在する。「世界一受けたい授業」というテレビ番組があるが，まさに「世界一受けたくない授業」である。授業中，子どもたちは英語と無縁のことに熱中し，教員は自分自身の指導力の無さを児童や生徒に責任転嫁する。これでは，日本の英語教育は未来永劫，この地位から脱却することはできない。授業は教員の基礎基本である。子どもたちに興味・関心を持たせながら学力を向上させなければ，英語教員とは呼べない。教員一人一人の授業改善が日本の英語教育改善への近道なのである。長々と書いた。Old soldiers never die; they just fade away. である。人間，引き際が肝心である。¡Hasta la vista!　また，いつかお会いする日まで。さ，飲みに行こーっと！

第4章 英語教育今だから言おう

2010年10月

政権交代と英語教育

　右ページのグラフをご覧いただきたい。これは，文部科学省の予算のうち，英語教育関連の予算について，2005年度から2011年度までの推移をグラフに表したものである（2011年度は概算要求額）。

　これより，民主党政権下での2010年度予算以降，激減していることが分かる。自民党政権下の2009年度と比較すると，実に１／４程度である。これを英語教育関係者はどう見るか。私が文部科学省の調査官時代の2006年から2009年までは，学習指導要領の改訂作業もあったが，英語教育を何とかしなければならないという機運が省内や課内にはあった。それに呼応して，小学校外国語活動関連の事業を始め，英語教育改善に向けた様々な企画を省内で提案してきた。それらを含めての予算である。それが，今ではこの体たらくである。確かに，財源逼迫の折，しょうがないと見るべきなのか，それとも，国民のために，子どもたちのために，画期的な政策が生み出せないでいるのか。教育は国家の百年の計である。関係者諸氏の奮闘を期待したい。

　次に新政権の目玉「事業仕分け」についてである。ご存じのように，英語教育も事業仕分けの俎上に載せられた。主なものに「英語教育改革総合プラン」「学校ICT活用推進事業」「大学の先端的取り組み支援」がある。これらを扱った「事業仕分け」第３WGについて，問題点を挙げてみたい。１点目はまさに財務省主導である点，２点目は評価者（民間有識者）が素人的な発想から発言し，勉強もせずにただ出席している点，３点目は井戸端的談義の66分間（16時50分〜17時56分）で結論付ける稚拙さの点である。

　まず，１点目であるが，WGでの財務省の説明の中に「（英語）教材の効果的な活用でございますが，これは全都道府県430校でモデル事業をすると。そこまでやる必要があるのかという問題があろうかと思います。（中略）国が『英語ノート』を作成し，全児童に一律に無償配布しております。そうした事

業を行う必要があるのかと。(中略)(ICTの事業に関し)国が今のままこういった事業を続ける必要性に乏しいのではないかということでございます」(下線筆者)。この発言を見たとき,私は調査官当時,『英語ノート』の作成・配布を財務省にお願いに行ったときのことを思い出す。全く同じトーンである。財務省は,根本的には教科書を含め,児童・生徒に無償で配布することを「良し」としていないことを身にしみて感じた。まさに,これらは財務省がストーリーを書き,仕分け人,評価者を先導しているのである。

2点目だが,蓮舫氏の「英語がよく使われているって,誰がどこでそういうふうに判断したんですか。新学習指導要領は『外国語』です」と実状を全く理解していない様子。また,高橋進評価者の「中学・高校と,英語教育の改善をされているのであれば,なぜ小学校からやらなければいけないんですか」などとそもそも論まで出る始末。藤原和博評価者に至っては,「(電子黒板について),これを英語でやってみたんだけど,自分でこの電子黒板を使ってカリキュラムを開発したような人でなければ使いこなせないと僕は結論付けている」と。この方は小学校の先生方の能力を全く理解していない様子。既に多くの先生方が電子黒板を活用しながら授業を行っている事実がある。

このような方々に国の教育を委ねることに不安を感じるのは私ばかりではないだろう。実はこれが新政権の実態なのかもしれない。

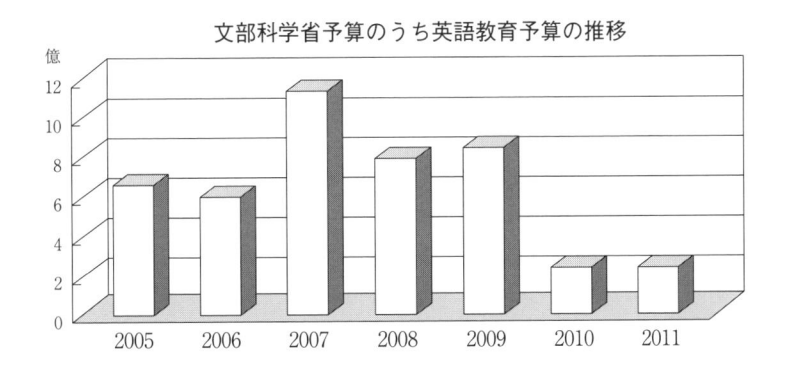

文部科学省予算のうち英語教育予算の推移

第4章 英語教育今だから言おう

● 2010年10月

日本人の英語力向上のために英語教育を洗濯しよう

　日本の英語教育を否定するつもりは毛頭ない。しかし，現実をみるとどうも心が揺らぐ。

　昨今，小学校の先生方に講演する機会が多くなった。先生方の中には英語を苦手とする人も多く，「1分間，英語で話をしてください」と言うと，一様に「え～!!」と会場中に響き渡るような声を上げる。それほどまでに，英語に対する抵抗感がある。しかし，このような方々も，学校で外国語活動を行わなければならない。そこで，こう切り出す。「先生方は心の中で英語がトラウマになっているのです。英語を話そうとすると，まず，頭の中で完璧な英文を作ろうとする。それが，積極的に話しかけようとする気持ちを阻害し，しかも，話すタイミングをも外してしまう。これは，日本人誰でもが持ち合わせているものです。原因は中学校，高等学校，大学と受けてきた英語教育にあります。つまり，英語は正しくなければならない。間違ったことを書いたり，話したりしてはいけないと，授業で何度も教え込まれてきたのです。ピリオドが無ければ減点，三人称単数のs, esが無ければ0点と，ずーっと英語にいじめられ続けてきたのです。そして，それが日本人の英語観をつくりあげ，しかも，積極性や開放性を蝕んできたのです」と話すと，先生方は一様に納得したように大きく頷く。そして，「このように心に刻まれた癒しがたい傷を忘れて，思ったことを間違ってもよいので，単語や文で表してみてください。単語を並べても，相手に伝えられる人はいます。英語が完璧でも伝えられない人もいます」と話すと，先生方は笑顔を浮かべ，解放されたかのように積極的に話し出す。ここなのである。「英語は正しく」なければならないのは尤もだが，それのみを「是」としてきた日本の英語教育を洗濯しなければならない時期に来ている。

では，どうすべきか。多くの方々は，入試が諸悪の根源であり，入試を変えれば授業が変わるとおっしゃる。しかし，入試ばかりをスケープゴートにしても解決はしない。出題者，採点者側からすれば，こちらの方が客観的に評価しやすい。一方，会話やディスカッションでは時間も労力も費用も甚大だ。「入試を変えよう」と叫ぶのはよいが，まだまだ現実的ではない。ではどう考えるべきか。

　まず，英語教育をそもそも論から考え直すべきであろう。日本の英語教育は江戸時代の蘭学同様，外国語を学ぶことを高尚なこととしてきたのではないか。単に英語を使えるようにしようとするのであれば，それは技術習得であり，日常的な訓練そのものである。そうなれば，入試自体に出題されるほどのものでもないような気がする。

　しかし，それも絵空事。そこで，入試にも実生活にも役立つような，まさに実践的な英語力を身に付けさせるべきであろうとなる。それが，生涯教育としての英語教育の捉え方である。つまり，長期的な英語教育の中で英語を学び，短期的には入試があり，中期的にはビジネスとして使える英語が存在し，知的な生活や旅行，交流等の人生の長期に渡って触れる英語があることを日本人全てに刷り込ませていく必要がある。そのためには，学習指導要領の改善などという些細なことに縛られず，もっと大局的に，国としての言語政策をしっかりと固める必要があろう。一部の学者がCEFR（欧州言語参照枠）準拠の日本版英語到達指標を策定しようとしているが，そんな生ぬるいものでは綺麗ごとに終わりかねない。ここは，まさにコペルニクス的大転回を断行する必要がある。では，どうするか。やはりここは，世論を巻き起こし，政治的に改革するのが一番である。そのために，英語教育に精通した坂本龍馬のような野心家・政治家を生み出すことである。英語教育を抜本的に変えるには，もう政治的変革しかないのである。今後，江戸時代のような鎖国を国是としない限り，その仕掛けを英語教育に携わる者自身が仕組んでいかなければならない時期に来ているのである。

著者プロフィール

菅　正隆（かん　まさたか）

　大阪樟蔭女子大学教授。専門は英語教育，教育行政，言語政策。1958年（昭和33年）岩手県北上市生まれ。大阪外語大学卒業後，大阪府立高等学校教諭，大阪府教育委員会指導主事，大阪府教育センター主任指導主事，文部科学省初等中等教育局教育課程課教科調査官・国立教育政策研究所教育課程研究センター教育課程調査官を経て2009年より現職。
　かつて，全国唯一のヒゲの指導主事として有名であったが，文部科学省時代には，「髭の調査官」「闘う調査官」「何でも調査官」等の異名を持つ。本物指向の授業づくりには定評があり，「教員の基礎基本は授業である」をモットーにしている。
　主な著書には「オーラルコミュニケーション生き生き授業」（三友社），「英語教育ゆかいな仲間たちからの贈りもの」（日本文教出版），「小学校英語わいわいガヤガヤ玉手箱」（開隆堂出版），「すぐに役立つ！　小学校英語活動ガイドブック」（ぎょうせい），「成功する小学校英語シリーズ１授業から評価まで使える！　学級担任のための『英語ノート』指導案70」（明治図書）等多数。

日本人の英語力　それを支える英語教育の現状

平成22年11月30日　初版発行

著　者● 　菅　正隆
発行者● 　開隆堂出版株式会社
　　　　　代表者　山岸忠雄
印刷所● 　三松堂印刷株式会社
　　　　　〒101-0065　東京都千代田区西神田3-2-1

発行所● 　開隆堂出版株式会社
　　　　　〒113-8608　東京都文京区向丘1-13-1
　　　　　電話　03-5684-6115（編集）

発売元● 　開隆館出版販売株式会社
　　　　　〒113-8608　東京都文京区向丘1-13-1
　　　　　電話　03-5684-6121（営業）　03-5684-6118（販売）
　　　　　振替　00100-5-55345　URL http://www.kairyudo.co.jp

ISBN 978-4-304-01384-3 C3037　　　　定価はカバーに表示してあります。

表紙デザイン　うちきばがんた
組　版　株式会社 新後閑